親の手で病気にされる子どもたち

医療乱用虐待と代理ミュンヒハウゼン症候群

南部さおり

学芸みらい社

プロローグ

世界的プロゴルファーであるデ・ビンセンツォは、あるトーナメントで優勝した。優勝賞金の小切手を受け取り、多くの祝福を受けてクラブハウスに戻る途中のビンセンツォに、若い女性が近づいてきた。

「優勝おめでとうございます。実は、私の赤ちゃんが重い病気で死にかけています。でも、診療代や治療費がないのです」と、その女性は訴えた。

その話に心を動かされたビンセンツォは、手にしていた優勝賞金の小切手にその女性の名前を裏書きし、「少しでも赤ちゃんの役に立てば」と、彼女に握らせた。

翌週、カントリークラブで昼食中のビンセンツォに、ゴルフ協会の役員が話しかけた。

「先週、君がトーナメントに優勝した後、若い女に賞金の小切手を渡したそうだね」

うなずくビンセンツォ。

「君に伝えなければならないことがある。あの女は詐欺師だ。病気の子どもなどいない。結婚すらしていないんだ」

「死にかけている赤ちゃんはいないってことですか?」

「そうだ」

「それは、今週聞いた中で一番いい知らせですよ」

＊

これは、実在したプロゴルファーの逸話だとされていて、その真偽については諸説あるそうだが、私のお気に入りのエピソードである。この逸話に心を動かされた人は多かったのだろう、同じエピソードが1998年の「ジョニー・ウォーカー 黒ラベル」CMに使用されていたそうで、そちらを覚えている方もいらっしゃるかもしれない。

病気の子どもを抱える母親というシチュエーションは、詐欺の定番なのかもしれない。私もヨーロッパ旅行中にオープンエアーのカフェでくつろいでいたところ、赤ん坊を抱いた粗末な服装の女性から「この子は重い病気です。治療費をください」と書かれた紙を見せられ、いくらか渡した経験がある。後から店の店主に、「あの赤ん坊は人形だよ。外国人を狙ってよくくるんだ」と教えられたのだ。

私はビンセンツォほどいい人ではなかったが、その時、悔しいとは思わなかった。その代わり、「病気の子ども」という人類共通の不幸を持ち出して人の善意に平気でつけ込んでくる人間が存在するということが、とても寂しく、また悲しく思えたのである。

代理ミュンヒハウゼン症候群という奇妙な名前の行動をする親も、これらの詐欺師たちと共通した心理であるように思えてならない。

代理ミュンヒハウゼン症候群とは、子どもが病気であるように装って病院を訪れ、無用な検査や治療に子どもをさらす児童虐待の総称である。

重い病気の子どもを抱え、自分のことなど二の次で、とにかくわが子のためになることであれば何でもしてあげたいと考えて様々な病院を訪れ、行く先々での入院生活ではかいがいしく世話をしている母親の姿には、誰もが胸を打たれる。何か役に立てることはないかと声を掛けたくもなるであろう。

そして、そうした母子の姿に最も心を痛め、どうにかしなければと焦っているのが、主治医をはじめとする医療スタッフである。

母親が訴える、幼い子どもの症状から考え得る病名や原因を推定し、検査をオーダーする。しかし、その結果はことごとく予想を裏切るものであり、そのため治療の方針が立たず、やみくもに対症療法的な薬剤を試すことになる。そして、それらがまったく功を奏しないため、また薬剤を変更し、やがて新たな薬剤の副作用に患児が苦しめられるようになる。その副作用に対処するために新たな薬剤を投与し……という泥沼の中で、ベッドサイドで患児を励まし続ける母親に対して、主治医は強い負い目を感じるだろう。しかし母親は、子どもに対する配慮を最大限維持しつつも、医師を責めるでもなく、むしろ感謝の言葉を口にし、少しでも医療者の負担を減らせようと自ら検体を採取したり、服薬のスケジュール管理などを積極的に買って出てくれるのだ。子どもの入院生活が長引くにつれ、主治医はますますこの小さな患者の病気の原因を突き止めることにのめり込み、同時に母親との間には確固たる信頼関係が構築されるようになっている。主治医は、この素晴らしい母親の信頼に応えるために、必ず自分がこの子を治してみせると誓うのである。

そうした中、冒頭に記したビンセンツォの逸話のように、この主治医が同僚医師から「君に伝えなければならないことがある。あの症例は代理ミュンヒハウゼン症候群だ。子どもは病気なんかじゃない。すべて母親のでっち上げなのだ」と言われたとしたら、どうだろうか。

「あの子が本当は健康だということですか？」

「そうだ」

「それは、今年聞いた中で一番いい知らせですよ」

とは、当然なるわけがない。

母親のでっち上げにまんまと騙され、子どもに対して本来は不必要であった検査や治療をせっせと行い続け、それでも子どもはまったくよくならず、母親に病気の原因を特定できないことを詫び、何か見落としていることはないかと、休日返上で医学論文を読み漁っていたのだ。これら、医師としてできることは何でも行おうと努力してきたことのすべてが、無駄どころか子どもにとっては有害でしかなかったという事実は、到底受け入れられるはずがない。

そして、動かぬ証拠を突き付けられてようやく、主治医には、恥、罪の意識、悲嘆、怒り、虚脱感などの名状しがたい様々な感情が、嵐のように押し寄せてくることになるだろう。医師失格であると自分を責めつつも、あの母親が？　という、どうしても信じられないという気持ち、子どもはやっぱり真の病気なのではないかという諦めきれない思いなどが、ないまぜになるに違いない。

そして同時に、母親はいったい何がやりたかったのか？　子どもを病気にしてどんな得があるのか？　医療者に対してどう思っていたのか？　などの疑問が次から次へとわいてくるはずである。

代理ミュンヒハウゼン症候群は、そのエキセントリックな名称から、「子どもを病気にする奇病に罹患した母親の病名」という勘違いが巷間にはびこっている。そして、そのような勘違いがあるがゆえに、本来では守り、慈しみ育てるべきわが子を病気に仕立て上げ、医療行為にさらし続けるという悪質な犯罪行為について、「責任能力を減じる」という判断が司法によってなされている。

私は、このような取り扱いは間違いであると考えているため、本書では、読者とこの問題意識を共有したいと考えている。

代理ミュンヒハウゼン症候群は、子どもにとっては蟻地獄のような苦痛きわまりない虐待に他ならない。そしてその行為者は、どのような操作をすれば子どもが「本物の」病気に見えるか、医師に疑われないためにはどうすればいいのか、子どもを殺さない程度にぐったりとさせておくためにはどんな薬物を使うべきなのかなど、恐ろしく緻密かつ狡猾に考え抜いた上で、冷静に行動している。「何らかの精神疾患が疑われる母親」であるなら、子どもに対する不適切な対応が早期に疑われることになるであろうため、医師や医療スタッフをかくも長期間欺き続けることはできないだろう。つまり、こうした母親はほとんどの場合、「すごくいい親、感じのいい人物、知性的で理解度も高く、子どもを心から愛している」という、「最も虐待者であると疑われそうもない親」という外観を呈しているとされているのだ。

本書では、代理ミュンヒハウゼン症候群という児童虐待がどのようなものであるかを明らかにしながら、同用語が巻き起こした混乱や、同用語を親の精神疾患名であると考えた場合に起きてくる問題点に焦点を当てていきたい。

目次

第2章 代理ミュンヒハウゼン症候群とは何か

Münchausen syndrome

第1章 ミュンヒハウゼン症候群とは何か

▽「ミュンヒハウゼン症候群」とは△

「〝代理〟ミュンヒハウゼン症候群」について説明するにあたり、避けて通れないのが〝代理〟ではない「ミュンヒハウゼン症候群」である。

ミュンヒハウゼン症候群を一言で言い表すなら、「ずっと病人でいたい人」だ。「〝死ぬほど〟病気になりたがる人々」という言い方をする専門家もいる。そして実際に、病気になりたがる行動が行き過ぎて、「本当に死んでしまった」という実例も、わが国をはじめ世界中で数多く報告されている。こうなると、死因は自殺なのか、事故なのか、病死なのか、非常にややこしい。

ミュンヒハウゼン症候群は、1951年に英国の医師リチャード・アッシャーが『ランセット』という超一流医学雑誌で初めて紹介したものである。「ミュンヒハウゼン症候群(Munchausen's Syndrome)」と題されたその論文は、以下のように始まっている。

これは、ほとんどの医師たちが見たことのあるありふれた症候群について著したものであるが、これについて書かれたものはほとんどない。有名なミュンヒハウゼン男爵のように、この病者たちは常にあちこちを旅している。そして、彼らの物語は、ミュンヒハウゼン男爵の作り話のように、ドラマチックで信用し難い。したがって、この症候群は彼の名にちなんでいる。

ここに「有名な」と記されているように、この症候群の元ネタである「ミュンヒハウゼン男爵」とは、奇想天外な物語として世界中で愛されているG・Aビュルガー著『ほら吹き男爵の冒険』の主人公である。『ほら吹き男爵の冒険』は映画化もされており、日本でもその翻訳本はロングセラーとなっている。

このミュンヒハウゼン男爵の正式な名前は、カール・フリードリヒ・ヒエロニムス・ミュンヒハウゼン男爵で、18世紀のドイツに実在した人物である。貴族とはいえ、小姓として出仕するためにロシアに行き、さらにその後ロシア軍に参加して何度も戦地に赴くなどアクティブに活動し、大いに出世した後、ドイツに戻った。そして、ドイツで過ごすミュンヒハウゼン男爵は、話し好きの才能が開花する。館に客を集めてはワイン片手に、フィクションを交えた自分の体験談を面白おかしく話して聞かせ、大人気を博したのだ。そしてその話があまりにも荒唐無稽で面白かったことから、ある人物がこっそり彼の話を記録し、本人に無断で出版したのだという。

ミュンヒハウゼン男爵のほら話は、例えばこんな調子だ。

＊

男爵が狩りの最中、獲物を探し求めてとある湖に行きつくと、そこには2、30羽の野ガモがいた。大量の獲物に歓喜した男爵であったが、運悪くすでに弾を使い果たしていた。しかし、どうしてもこのカモを一羽残らず獲りたい。そこで男爵は、狩猟カバンにベーコンの脂身が一切れ残っていることを思い出し、一計を案じた。

犬の引き綱をほどいて長い紐にすると、そのベーコンを結わえ付け、湖にポイと放り込む。すると一羽のカモがそれに近づいてきて、パクリと飲みこむ。脂身スベスベのベーコンはカモの喉を通過し、全然咀嚼されずにお尻からツルリと出た。次のカモがそれを見つけてパクリと飲みこむ、それがまたツルリと出て、また次のカモがぱくりとやる……という調子で、すべてのカモを数珠つなぎにして手に入れることができたのだ。

男爵は、連なったカモを肩から胴にかけて6巡りも巻き付けて帰路に就くことにしたが、屋敷まで相当な距離があり、カモの重さにうんざりし始めた頃、カモたちが突然ショックから目覚め、羽を羽ばたかせて男爵ともども空に舞い上がった。男爵は、これ幸いと狩猟服の裾を方向舵代わりにし、うまく屋敷の上空までたどり着くことに成功した。そこで、カモの首を一羽、また一羽としとめていき、静かにゆっくりと軟着陸することができた。

＊

このように、ほら吹き男爵の話は他愛のないもので、悪意などまったくなく、ただ人を楽しませるために吹聴されたものである。

そしてアッシャー先生は、医師からみれば荒唐無稽ともいえる病状をまことしやかに訴え、何とか治療を受けようとする患者の一群を、この男爵になぞらえたのだ。ミュンヒハウゼン男爵は「愉快な人気者」であったが、ミュンヒハウゼン症候群患者は、病院での「不愉快な嫌われ者」である。

このタイプの患者は虚偽の症状を装って医師を騙すだけでなく、まんまと入院した後も嘘の経歴を吹聴しまくり、医療スタッフはもちろん、他の入院患者たちの関心や同情を買おうとしたり、あるいは極端な被害妄想で攻撃的になって周囲をうんざりさせるというのだ。

▽アッシャー先生による記念すべき3つの症例報告△

アッシャー先生は、こうした「困った患者」として、実際に自らが経験したミュンヒハウゼン症候群の3つの症例を報告している。これらの症例を示して、医療関係者に「一度くらいはこんな患者を見たことがあるのでは？」と問いかけたところ、またたく間に世界中で同種の患者が「発見」されるようになり、症例報告が相次いだのである。
　そのためここでは、記念すべき世界初の「ミュンヒハウゼン症候群」患者3例を紹介しよう。

《1例目　トーマス・ビーチス氏》
　トーマス氏は47歳の男性で、腸閉塞の症状を訴えて病院を訪れ、開腹手術まで受けたものの、腸には何らの異常も認められなかった。そして手術後、彼はひとりの看護師に対して「俺の財布をいじった」と訴えて大騒ぎし、即刻の退院を要求してきた。恐らく財布には、「身分証」や「他の病院の請求書の束」など、医療者に知られたくない「何か」が入っていたのだろう。そこで病院はトーマス氏に何らかの精神疾患を疑い、彼をアッシャー先生のいるセントラル・ミドルセックス病院の精神科病棟に送り込んできたのである。
　検査の際、彼の腹部には無数の傷があったが、彼はそれを「商船に乗っていた時に日本軍に攻撃されて負った傷」であると説明し、ずっと日本軍の捕虜としてシンガポールに抑留されていたと説明した。そして終戦後はオーストラリアのフリーマントルに行き、7カ月間で腹部の手術を11回も受け、それ以降は4日前まで断続的に海に出ていたのだという。
　しかし、アッシャー医師が彼の「ミュンヒハウゼン風」の経歴に興味を持ち、調べていくと、彼がシンガポールにいたはずの時、彼は〝魚雷の古傷の破裂〟を訴えて、なんとここ、セントラル・ミドルセックス病院に入院していたことがわかった。そしてその際もトーマス氏は、そのような一連の途方もない物語を吹聴していたことから、慢性の非行精神病質者として別の病院の精神科に移送されていたのだ。そしてその後も彼は、いずれも腸閉塞を思わせる「激しい腹痛」を訴えては数多くの病院に出没して入退院を繰り返し、何度も開腹手術を受けた末に無理やり退院するということを繰り返していたことがわかった。

《2例目　マーガレット・コーク氏》

エルジー・パコマと自称する女性（本名はマーガレット・コーク）が、3日間にわたる激しい腹痛と嘔吐を訴えて入院した。彼女の腹部には手術痕らしき無数の傷があった。彼女の病状に関する訴えに基づき臨床的に、亜急性の腸閉塞と診断され、モルヒネとミラー・アボット管を使った治療を受けた。そして症状が好転したようには見えなかったものの、彼女はたった1週間で無理やり退院した。

3週間後、エルジー・シルバーボロウと自称する女性が、路上に倒れているところを警官に発見され、アッシャー先生のセントラル・ミドルセックス病院の別の病棟に入院した。彼女はその前日、ウェンブリー病院に急性の腸閉塞の疑いで入院していたが、わずか1日で無理やり退院していたのだった。

セントラル・ミドルセックス病院では、複数の医療スタッフからの「別の病院で彼女を見たことがある」「エルジー・パコマと名乗っていた」などの証言が得られた。それらの病院では、彼女は酒の臭いを漂わせ、尿のうっ滞を訴えて救急病棟にやってきていたという。さらに別の病院では、腸閉塞の患者として入院していた。そして、いずれの入院でも治療開始後、突然治療や入院を拒絶して逃げ出していたのだという。

《3例目　エルジー・デ・カヴァリー氏》

41歳の女性がバスの中で卒倒したとして、やはりセントラル・ミドルセックス病院に入院した。彼女は2日間にわたる下血とどす黒い血の嘔吐を伴う激しい腹痛という症状を呈していて、激痛を訴えていた。彼女の腹部には、やはり無数の傷があった。彼女は、この5年間にロイヤル・デヴォン＝イグゼター病院で胃腸炎と腸閉塞で2度の手術を受けており、近く胃の部分摘出手術のためにその病院に戻る予定であると話した。

当初、小さな穿孔を伴う出血性潰瘍が疑われたが、彼女の迫真に迫る激痛の訴えにもかかわらず、腹部検査では何らの異常も認められなかった。当然、彼女はこの検査結果に納得せず、「誰も私の苦痛を信じてくれない」と訴え、無理やり退院した。

アッシャー先生は彼女の過去を追跡したが、彼女が複数の異なる名前を用いて、それぞれ別の病院に入院し、無理に退院するという行動を繰り返していたことを知ることになった。

以下が、アッシャー先生が明らかにした、彼女の病院放浪歴である。

＊

１９４４年２月、イグゼター刑務所帰りのエルジー・デ・カヴァリーとして、鼻血を流しながらロイヤル・デヴォン＝イグゼター病院に入院した。

１９４７年４月９日、速記タイピストのミス・ジョーン・モリスとして、長期間にわたる消化不良および吐血を訴えてクロイドン・ジェネラル病院に入院し、２日間の手厚い治療を受けた後、自ら退院した。

１９４７年10月31日から11月16日まで、ジョーン・サマーという名前でロイヤル・サセックス病院に入院し、出血性潰瘍が疑われて開腹手術が行われたが、癒着および損傷した十二指腸潰瘍からの亜急性の閉塞であるということが判明し、胃空腸吻合術が行われた。11月16日に至っても依然として激しい腹痛を訴えていたが、医師らの助言に耳を貸さずに自ら退院した。

１９４７年12月10日、看護師のエルジー・レイトン夫人として、激しい腹痛で身をよじりながらクロイドン・ジェネラル病院に入院した。そこで彼女は、バーミンガム病院で胃の部分摘出手術を受ける予定であると語っていた。彼女の親戚に問い合わせ、名前と住所がすべて虚偽であるということがわかったところで、彼女は自ら退院した。そしてその数日後には、同じように訴えてレッドヒル・カウンティ病院に入院し、やはり数日以内に自ら退院している。

1948年1月29日から3月29日まで、彼女は再びジョーン・サマーとしてパディントン病院にいて、十二指腸潰瘍の開腹手術を受けていた。その後彼女は激しい心臓痛を訴え、病棟に多大な迷惑をかけた後、自ら退院した。

1948年3月、ジョーン・ラークを名乗り、苦痛と出血を訴えて西部ロンドン病院におり、やはり自ら退院した。

1948年4月6日から9日、ジョーン・サマーとしてヒューラム病院に行き、再び腹痛と吐血を訴えた。4月9日、ある外科医が、彼女が西部ロンドンのジョーン・ラークであることに気付くやいなや、逃げるようにして退院した。

1948年7月10日、彼女はジョーン・マルキンとしてガイ病院に入院したが、彼女は本当はジョーン・デ・カヴァリーという名前であり、以前の手術がすべてエディンバーグで行われたということが突き止められた。ガイ病院では穿孔潰瘍が疑われ、7月10日に開腹手術を受けたが、無数の手術痕による癒着以外に、何らの異常も見られなかった。彼女は手術後わずか3日で自ら退院し、抜糸のために戻ってくることはなかった。

1950年1月6日、エルジー・デ・カヴァリーを名乗り、連続的な苦痛を訴えてロイヤル・フリー病院に入院したが、1月11日に「姉がたった今死亡した」と言って、自ら退院した。（多

数の病院で、彼女は死んだ姉の話をしていた）
同年1月18日、彼女は苦痛と吐血を訴えてケンシントン・ハイ・ストリートで卒倒し、やはりエルジー・デ・カヴァリーとして聖メアリー・アボッツ病院に入院した。1月20日になって、彼女は手術を受けるつもりはないと言い張り、胃チューブを引き抜いて即時の退院を要求した。同日その後に、彼女はユニヴァーシティ・カレッジ病院に入院し、1月25日に穿孔の疑いで開腹手術を受けたが、癒着以外に何ら異常は見られなかった。1月30日に通常の自主退院をした。
そして退院したその足で、彼女は聖バーソロミュー病院に入院し、2月2日に自ら退院した。その5日後の2月7日から15日まで、彼女はアッシャー先生のセントラル・ミドルセックス病院にいたのだ。その後も活発に、多くの病院で入退院を繰り返していたことを、アッシャー先生は突き止めている。

▽　元祖ミュンヒハウゼン症候群はこんなにすごい！　△

いかがだっただろうか。3例目に至っては、もう読者も途中でうんざりしてきたのではないだろうか。ここまで追跡したアッシャー先生の忍耐力もここまでで限界を迎えており、「彼女の行動についてのリストは、おそらく不完全なものである」と、苦々しく「負け」を認めている。

いったい、彼女らは、彼は、何がしたいのだろうか？　リストカットのような自傷行為を、医師に代行してもらおうとしているのだろうか？　自分の演技力が、どこまで医師に通用するかを試しているのだろうか？

アッシャー先生の論文は以下の言葉で結ばれている。

ミュンヒハウゼン男爵の症候群について記述し、３つの典型的なケースを報告した。これらの患者たちは非常に多くの時間を費やして病院に迷惑を掛ける。もし、この報告に続く文章があって、他の症例が報告されるならば、おそらく何かよいことがなされたと言えるであろう。もしこのコンディションに対する説明が見出されたならば、さらによいことであり、それはこの障害を引き起こす精神的異常の治療につながるかもしれない。

そして前述したように、このアッシャー先生による「呼びかけ」に応じて、世界中の医療機関から類似の患者の症例報告が相次ぐようになったのだ。

それにしても最近、病院通いなどで病弱さをアピールする人物に対して、「あの人、ミュンヒハウゼンじゃない？」なんていう言葉が誰ともなしに聞かれるほど、この病名の認知度は上がってきているが、「本物のミュンヒハウゼン症候群は、そんなもんじゃない」と、アッシャー先生なら確実に切り捨てるであろう。

ミュンヒハウゼン症候群は当初、「頻回手術症」と呼ばれていたように、とにかく急性の劇的な症状を演じることで、何とか開腹手術を受けようとするような、相当危険な試みを行う「トンデモ患者」が想定されていた。これは、単に「病人に見られたい」という動機で済むものではなく、さらに単なる「詐病」などという評価にも収まりきるものではない。そしてこの症候群による患者の身体的ダメージはかなり大きいが、医療機関に掛ける迷惑も恐ろしく甚大なものとなるのだ。だからこそアッシャー先生は、「この障害を引き起こす精神異常の治療」が必要だと訴えているのである。

▽　どうしてこんなことをするのか？　△

ミュンヒハウゼン症候群は、「侵襲性のある検査や治療を求めて複数の医療機関（診療科）を渡り歩く」という、「身体を張った」自傷行為の一種であると見ることができるだろう。そして、その動機としては「病者の役割を取ることに満足する」や、「医療機関につながり続けることへの執着」などのほか、「援助希求」という悲しいものが含まれているように思われる。つまり、こうした行為に執着する人物は、病人という役割を演じることで、医療者や家族、コミュニティの構成員たちからの注目や配慮を得ようとしているように見えるのだ。「人間嫌い」で、「コミュニケーション不全」の人物であれば、ここまでの演技力を駆使したり、虚偽の経歴を誰彼構わずに吹聴するようなことはしないだろう。

例えば、虚偽性障害を専門とする精神科医であるマーク・D・フェルドマンは、『病気志願者―「死ぬほど」病気になりたがる人たち』で、同僚の気を引くために「がん患者を装った」30代女性のケースを紹介している。その女性は、勤務する会社内では目立たない存在であったが、ある日「私、がんなの」と打ち明けた途端に周囲の配慮を一身に受け、非常に温かな待遇と励ましの言葉がたくさん寄せられることになった。彼女はこれに「味をしめ」、あるいは「後に引けなくなり」、患者を装って「がん患者の会」に出席することで末期がん患者の症状を学習した。そして、「それらしく見えるように」ダイエットをしてやつれてみたり、放射線治療の影響であるように装うため、自らの髪の毛を大量に抜いたりなどの「涙ぐましい努力」をしていたのだという。しかし、いつまでたっても彼女が「死なない」ことに疑惑の目が向けられるようになった。そして援助の手は徐々にしぼんでいき、事の真偽を確かめる人が現れたことから、とうとうこのとんでもない嘘が露見してしまったのだ。周囲の人々の怒りようについては、ここで書くまでもないだろう。

ただしこの事例はあくまでも、初期に報告されたミュンヒハウゼン症候群に見られる「複数の病院（診療科）を渡り歩き、病気の状態を作り出すことで、無意味なばかりか侵襲性のある治療や検査を受けたがる」という特徴は呈しておらず、後に述べる「虚偽性障害」の一例に過ぎないものと言える。

しかし、時は流れて、現在、様々なケースにミュンヒハウゼン症候群の名称が用いられるようになってきている。その顕著なものとしてここで注目したのが、現下の「コロナウィルス感染症に伴うミュンヒハウゼン症候群」なるものの出現である。

▽　コロナウィルス感染症とミュンヒハウゼン症候群　△

2020年2月に突如報告された新型コロナウィルスの脅威は、世界中にまたたく間に広がった。そしてCOVID-19のパンデミックは、感染症そのものだけでなく、うつ病、不安神経症、不眠症などの多くの精神疾患を引き起こしてきている。そして、これらの精神症状を呈する患者とは異なり、ＣＯＶＩＤ‐19の症状を模倣し、医療機関につながりたがる患者の存在が報告されるようになったのだ。

確かに日本でも２０２０年２月当時、横浜港に寄港した大型クルーズ船、ダイヤモンド・プリンセス号の乗客・乗員の新型コロナウィルス感染症事例が報告されて以降、１年以上にわたり、私たちは日々報告される感染者数と死亡者数、重症者数の増減に一喜一憂する生活を送ることを余儀なくされた。そして２０２０年４月７日の緊急事態宣言の発出により、全国の学校は休校になり、リモートでできる仕事はリモート対応すべきとされた。誰もが家族の感染や他人の飛沫に脅え、マスク着用を厳守してもなお、「感染したかも」という不安を抱えながら生活を送っていた。

当初は、「発熱」というキーワードがいち早く世界中を駆け巡ったため、各家庭ではどこかにしまってあった体温計を引っ張り出したり、より感度の高い体温計を求めてドラッグストアに走ったりした。そのためマスクと同様、体温計も店頭の棚やインターネット通販サイトから早々に消えてしまった。公共交通機関や店舗もまた、こぞって高額のサーモグラフィや非接触式の体温計を導入し、とにかく発熱している者を排除することに躍起になった。

しかしその後、「無症状感染者」「発熱のない軽傷者」などという新ジャンルが報告されるに至り、ますますパニックに拍車がかかることとなった。そして、徐々に芸能人や著名人などの感染が判明し、感染者・発病者の闘病生活の詳細が語られるようになった。「味覚障害」「嗅覚障害」「肺の痛み」「悪寒」など、自覚症状を中心とした詳細な関連症状が次々と紹介されるようになり、私たちは徐々に「COVID-19がどういう症状なのか」という具体的なイメージを持つことができるようになった。それと同時に、些細な異変に過剰に反応することで、心気症的な症状にとらわれてしまう事例も起きてきた。

人々は、「とにかく安心するために」、高額のPCR検査を自腹で受けるようになり、医療機関のベッドやホテルなどの療養施設の空きが少なくなってきたと報道されるや、「空きがあるうちにかかっておいて免疫を付けた方がいいのではないか」「若いから軽症で済むはずだし」などという不謹慎な言葉が交わされたりもした。

そうした中、「とにかく検査を受けて入院するために、COVID-19検査施設から別の施設へと繰り返しさまよう患者」の存在が、インドのAvik[1]医師らから報告されたのだ。そして、このような「検査場行脚」によって感染にさらされる可能性が高くなり、病気にかかる「実際の」可能性が高まること、さらにはテキストエディタによって検査結果の「陰性」を「陽性」に書き換えるといった検査報告書の偽造例が報告されていることなどを指摘した上で、「ミュンヒハウゼン症候群患者に注意する必要がある」と、医師らに警告したのだ。

ただし、この症例は厳密にはミュンヒハウゼン症候群ではない可能性が高い。「陽性」の判定が、彼ら／彼女らにとって明らかなメリットがあるのであれば、これは「詐病」、場合によっては医療資源を不当に搾取する「詐欺」に該当するものとなる。そして、こうした人々のすべてが、何らかの精神医学的な問題を抱えているとは考えにくい。

▽ミュンヒハウゼン症候群の診断基準△

ミュンヒハウゼン症候群は精神疾患の一種であると見なされているが、いまだ正式な精神疾患名としては認められていない。しかしそれでも、先進国、途上国を問わず、広く世界中でこのような「奇妙で厄介な患者」の存在が同時多発的に報告され続けている以上、やはり何らかの共通した精神神経科学的問題が存在すると考えざるを得ないだろうというのが、医学界での共通認識である。

日本の精神医学界でも広く用いられている世界保健機関（WHO）の『ICD-10』（『国際疾病分類』第10版）とアメリカ精神医学会の『DSM-V』（『精神疾患の診断・統計マニュアル』第5版）では、ミュンヒハウゼン症候群は「虚偽性障害」という、別の病名のカテゴリーとして扱われている。

『ICD−10』で「虚偽性障害」は、「身体的あるいは心理的な症状を意図的に捏造することが行われる障害であるが、特にその目的が経済的利益や医療上の恩恵を得るといった外的動機のためではなく患者の役割を得るという心理的動機によって行われるものを指す」とされている。

他方、『DSM−V』では、「自らに負わせる作為症／虚偽性障害」として、以下の診断基準が示されている。

A　身体的または心理的な徴候または症状の捏造、または外傷または疾病の意図的な誘発で、確認されたごまかしと関連している。

B　自分自身が病気、障害、または外傷を負っていると周囲に示す。

C　明らかな外的報酬がない場合でも、ごまかしの行動が確かである。

D　その行動は、妄想性障害または他の精神病性障害のような他の精神疾患ではうまく説明できない。

またこの診断基準には、「詐病は個人的な利益（金銭、休暇）などを得るために意図的に病状を訴えるという点で作為症とは異なる。対照的に、作為症の診断には明らかな報酬の欠如が必要である」との注意書きが添えられている。

いかがだろうか。これらの診断基準を見ると、まさにミュンヒハウゼン症候群のことが書かれているように見えるのではないだろうか。しかし厳密には、虚偽性障害とミュンヒハウゼン症候群では、その程度（重症度と言い換えることもできる）において異なっていると考えるべきである。

▽ 本書が考える「ミュンヒハウゼン症候群」とは △

虚偽性障害／自らに負わせる作為症の診断基準を見ると、たとえ1回の病状捏造であっても、その診断を下すことが可能になる。しかしミュンヒハウゼン症候群は、アッシャー先生の報告に見るように、何度も何度も症状を捏造し、複数の医療機関を渡り歩き、侵襲性のある検査や治療を喜んで受けるという奇行に加え、自らの経歴などについて平気で嘘をつき、嘘が見抜かれそうになると突然狂暴になったり、すぐに逃げだしてしまうような特徴を有する患者が想定されるのである。つまり、「虚偽性障害」の診断基準では表現し尽くせないような、はるかに迷惑で、医療機関にとって厄介な患者が、ミュンヒハウゼン症候群なのだ。

ただし最近は医師によってさえ、虚偽の病状の訴えで医療機関を受診し、その病状の解釈で医師を悩ませる患者に対して、他の医療機関の受診状況や治療歴を問わず、ミュンヒハウゼン症候群として症例報告がなされるようになってきている。また、虚偽性障害のうち、「身体的症状と兆候（の偽装）が顕著であるもの」については、ミュンヒハウゼン症候群に分類すべきだと主張する医師もいる。

さて、ここまでで、「何をミュンヒハウゼン症候群とすべきか」「何を虚偽性障害とすべきか」という点につき、かなり複雑な話をしてきた。そこで、本書での考えを明らかにしておくことにしよう。

ミュンヒハウゼン症候群は、「病気のふりをして」医療機関につながるために、あらゆる努力をする患者の一群を指す。彼ら／彼女は、複数の病院（診療科）を渡り歩き、病気の状態を作り出すことによって、無意味なばかりか侵襲性のある治療や検査を積極的に受けたがる。

したがって、たった1つの医療機関で、単一の虚偽の訴えによって医療機関が混乱させられたようなケースの場合、そこでの現象に限っては、「虚偽性障害」の範疇にとどまるものと考える。なぜなら、そこでの「医療機関につながること」という動機には、日常生活の中でのトラブルやストレスなどからの緊急避難的な側面があるかもしれず、一回性のもので終わるかもしれないからだ。しかし、同様の行為が複数の病院や異なる科で確認される場合には、医療機関に深刻なダメージを与える、より注意が必要な患者として、ミュンヒハウゼン症候群に該当すると考えるべきであろう。

なお、ここでミュンヒハウゼン症候群を、虚偽性障害とは別個の、より重症の病型として分けて考えるべきだとする理由としては、「代理ミュンヒハウゼン症候群」という概念の取り扱い方と大きく関連する。この点については、次章以降で詳細に述べていきたい。

さて、ここで先ほどのCOVID-19の事例に立ち戻ると、「外部と隔絶された医療機関で保護され、毎日ちゃんと体調管理を受けられる方が安全だ」と考えたり、「快適なホテルの療養施設にタダで2週間滞在でき、三食支給されて、PCR検査も受けられるから得だ」などと考えていた場合、明らかにこれは虚偽性障害／ミュンヒハウゼン症候群ではなく、「詐病」と認定されることになるだろう。

そして恐らく、ミュンヒハウゼンの患者は、COVID-19のような指定感染症を装おうとはしないものと思われる。例えば日本の場合には『感染症法』に基づき、診断した医師より患者名が都道府県知事に届け出られ、情報が管理されることになるため、「複数の病院（診療科）を渡り歩き、病気の状態を作り出すことで、無意味なばかりか侵襲性のある治療や検査を受けたがる」というミュンヒハウゼン症候群の患者の選択肢としては、なじみにくいからだ。

ただしCOVID-19を装うケースでも、「自分は、本物のCOVID-19の重症患者のように、ＥＣＭＯを受けてみたい！」「気管切開のための傷を首に刻み付けたい！」（いずれも大変な身体侵襲となる）というように、病者の役割をとることそのものに加え、それに付随する医学的措置そのものを熱望するような動機に突き動かされているような場合、ミュンヒハウゼン症候群とまではいえなくとも、「虚偽性障害」と判断される可能性はあるだろう。

▽　わが国で報告されたミュンヒハウゼン症候群　△

わが国の医療界からも、１９８０年代頃からこれまで毎年のように、虚偽性障害またはミュンヒハウゼン症候群の症例報告がなされてきている。ここで、それぞれパターンが異なる症例をいくつか簡単に紹介しよう。

《症例1　多胎妊娠を主張する妊婦》(2)

妊娠37週で初診の産婦人科医を受診した女性が、担当した医師に「三つ子を妊娠していて、近所の産婦人科を定期的に受診していた」と申告したものの、実際には単体妊娠であったことから、当惑した医師からの紹介で、精神科がこの患者を受け持つこととなった。

精神科担当医が「かかりつけ産婦人科」について患者に話を向けると、「実は、インターネットで知り合った医師に診てもらっていた。」「バスの中で診察を受けました」などと、荒唐無稽な返事が返ってきた。その話の矛盾点を指摘すると「それには理由があって……」と、ただちに別のストーリーが展開した。そこで担当医は、患者本人の問診だけでは正確な情報を得られないと判断し、患者の了解を得た上で、家族や役場と連携して本人の病歴を聴取することとなった。そこでは、次のことがわかった。

患者の両親は本人の出生後ほどなくして離婚しており、母親は本人を引き取らず、完全な音信不通となったことから、養子として父方祖父母に養育されていた。そして本人が問診時に語っていた、短期大学を卒業後、「保育士として勤めた」「看護師免許を取得した」という経歴は虚偽（ただし短大卒業だけは本当）であり、収入などについては不明であった。

また本人が最初の結婚をした際、「四つ子を妊娠した」として役所に母子手帳を申請しに訪れていたが、職員が驚きのあまり色々と質問したためか、母子手帳を受け取らずに帰ってしまったという。前夫との離婚後、この「四つ子」について本人は、同居する祖父に対して「前の夫との間に四つ子がいて、ひとりはアメリカで心臓移植手術を受ける予定である」と話しており、その話を信じた祖父は、孫のためにアメリカ渡航の準備までしていた。しかし一向に、話が進展しなかったことから、祖父が本人にどうなっているかを聞くと、平然と「移植は延期になった」と説明されたという。

そして、受診の1年前に交際男性に妊娠したと告げて再婚したが、その後、妊娠の経過について夫が問うと「トイレで流産した」と話したという。

心理検査では過度に防衛的な反応であり、知能テストでは境界知能と判断されたものの、話の矛盾点について指摘されると滑らかに話しの内容を修正することができていること、金銭的な利益を求める行動はなく、何らかのペナルティを免れる目的があるわけでもないことなどから、虚偽性障害であって、嘘により何らかの情緒的満足を得ようとしているものと判断された。

その後患者は、経腟分娩で「1人の」元気な男児を出産したが、今後の育児における子への不適切なかかわりなどが危惧されたため、保健所や児童課などによる見守りが行われることになった。

《症例2　尿道からの大量出血と失神を繰り返す男性[3]》

30代の男性が、駅のトイレで尿道より出血しながら倒れているところを発見され、近医に緊急入院した。膀胱鏡にて尿道に広範な出血を伴うびらんが認められ、総合病院の泌尿科に精査加療目的で紹介入院となった。そこでは様々な泌尿器科学的検査を行ったが、尿道の損傷と尿潜血以外、異常は認められなかった。また、失神の原因を検索するために循環器系、神経系の検査も実施したが、やはり原因となるような異常は認められなかった。

しかし入院中も患者は、尿道からの出血を伴う失神発作を繰り返した。

いつも失神する場所が個室トイレであること、バルーンカテーテル留置中は尿道出血だけでなく失神発作も起きないことから、担当医は自慰行為を含めた自傷行為を強く疑ったものの、本人がそれを強く否定し、物証もないことから確定診断には至らなかった。

尿道からの出血は、輸血を要するほどに激しいものであり、対症療法を行いながら経過観察を行っていたところ、偶然患者のウエストポーチの中から血液の付着した塗り箸が見つかり、先の尿道鏡所見も箸による損傷に合致したため、これによる自傷行為だったことが判明した。また、失神も本人の虚偽であるものと結論付けられた。

自傷行為について本人は頑なに否定していたが、担当医からの「無意識のうちに自傷行為をしている可能性がある」との説明にようやく納得し、最初の失神から約2カ月後に精神病院に転院となった。

《症例3　入院を熱望し続ける男[4]》

患者は40代の男性で、腰痛で大学病院の整形外科を受診した。腰椎のMRIによって腰椎の椎間板ヘルニアが確認されたために脊椎固定術を受けたが、術後に腰下肢痛がひどくなってきたとして、車いすで麻酔科に転科してきた。ＭＲＩや神経学的な検査では異常がなかったが、関節運動に関与する「筋力」を医師の徒手抵抗によって判断する「徒手筋力テスト」を実施したところ、著しい低下がみられ、「自力歩行はまったくできない」ということであった。しかし後日、院外で普通に歩いている姿が目撃されている。また、食欲がなく食事がまったくとれないと訴えていたが、血液検査の結果からは低栄養を示唆する所見は一切認められなかった。

初診から3カ月後には咽喉頭の違和感を訴えて同病院の耳鼻咽喉科を受診したものの、やはり異常は認められなかった。さらに8カ月後には、手腕のしびれの訴えで同病院の整形外科を受診して右肘部管症候群（肘部管で尺骨神経が圧迫されたり、引っ張られたりして神経に障害を受ける病気）と診断され、尺骨神経移行術を受けたが、その2週間後に右腕の腫脹が出現、サーモグラフィで左右前腕の皮膚温度差が認められ、異痛症（普段なら痛みを感じないような刺激が原因で痛みやしびれが起きる症状）があったことから、担当医は複雑性局所疼痛症候群（怪我や手術などの外傷後に発症する重度の神経障害性疼痛のひとつ）を疑った。

初診から13カ月後、腹部不快感で同院の内科を受診した際、腹部単純Ｘ線とＣＴ検査で、腸管内にクリップやナットなどの金属異物が発見されたため、問い質すと「工事現場の下を通った時に、何かのはずみで腹の中に入ったのかもしれない」などの病的な説明がなされたことをきっかけに、医師らはミュンヒハウゼン症候群を疑った。

以降、「過剰な検査や治療を行わないように」と各科の医師への申し送りがされたが、その後も患者は多彩な症状を訴え、平日は毎日同病院のいずれかの診療科を受診しており、入院を熱望し続けているという。

＊

いかがだったろうか。いずれも「何のために……」と、愕然とするような症例ばかりではないだろうか。

症例1は、虚偽性障害に分類される。患者は多胎児妊娠を主張しているが、産婦人科医の前では、明らかにすぐにばれる嘘である。また、妊娠に関するあからさまな虚偽だけでなく、経歴や資格を偽ったり、話の矛盾を取り繕うために滑らかに嘘をつくような態度からは、対人コミュニケーションにおいて深刻な障害を抱えているものと思われる。その知能程度から考慮すると、人の気を引くための手段として「盛った」話をすることが幼少期からの癖になってしまっていて、自分でもコントロールができない状態なのかもしれない。出生直後から母親に見捨てられ、祖父母に育てられたという経歴からは、愛着障害の存在も疑われる。

症例2も、単一の医療機関を舞台にしているところからすれば、本書の基準では虚偽性障害とみるべきであろう。男性から想像すれば、思わず痛々しさに顔をしかめてしまいそうな恐るべき自傷行為であり、失神というヒステリックなエピソードと相まって、やはり何らかの精神医学的・心理的な問題の存在が強く疑われるものである。なお、同様の尿道自傷については、海外でも男女を問わず、複数報告されてきている。

症例３は、複数の科にまたがってせっせと異なる病状を作り出し、いずれも積極的な医学的介入を熱望していることからも、ミュンヒハウゼン症候群に該当すると思われる。この患者は何らかの寂しさから、病院で「構ってちゃん」になっているようにもみえるが、症例報告によれば、家族としてれっきとした妻がいるようである。いや、むしろ妻がいるのであれば、夫の異常行動に気付いて制止するだろうから、妻とは冷えた関係になっていて家庭にいたたまれず、他者からのいたわり、愛を求めているのかもしれない。

いずれにしても、外から見れば彼らの行動はまったく無意味で無茶苦茶なものであり、医療者を困惑させるだけのものであることがわかるだろう。

▽　ミュンヒハウゼン症候群と裁判　△

ところで近年わが国で、交通事故による受傷および治療の過程で、受傷者が「ミュンヒハウゼン症候群であるか」ということが争われた、興味深い裁判例が存在する。[5]

この事故は、原告男性が自転車で国道の車道を走行中、被告トラックがこれを追い越した際、被告トラックの左側面後部が原告の身体または自転車に接触したことから、原告が自転車のコントロールを失って転倒したというものである。この事故で原告は頭部外傷と右鎖骨骨折の傷害を負い、右肩関節痛等の後遺障害が残ったとして、被告トラック会社に対して治療費や慰謝料を請求した。

＊

これに対し、被告トラック会社は「トラックは自転車とは接触しておらず、原告が勝手に転んだものだ。さらに原告は、本件事故が発生する以前から、うつ病に罹患して投薬治療を受けていたり、短期間で複数の交通事故にも遭っていることからすると、身体的・心理的症状と徴候を意図的に作り出すミュンヒハウゼン症候群に罹患していた可能性も否定できない」と反論した。

判決文から原告の受診状況を拾ってみてみると、本件事故後である平成26年8月19日午後4時半頃、原告はA大学病院の救命救急センターに搬送され、CT検査で「右鎖骨骨折、右肩甲骨骨折（疑い）、右側頭部挫創、右肩挫創、右肘挫創」と診断されて1日入院した後、原告自らの希望で自宅近くのB病院での通院治療を行うことになった。同月25日にB病院を受診した原告はレントゲン検査などを受け、「右鎖骨骨折、右側頭部挫傷、右肩・右肘挫傷」で全治6週間とする診断を受けた。そしてその約2週間後である9月2日、再度B病院を受診してレントゲン検査を受けたところ、前回受診時には認められなかった右鎖骨骨折の転位が認められた。B病院の担当医師は、原告に対して保存加療が可能である旨を説明したが、原告が手術による治療を希望したため、翌3日にB病院に入院し、4日には右鎖骨骨折に対する観血的整復固定術を受けた。そして術後はさらに5日間入院加療を行い、退院後も、平成26年9月17日、同年10月1日、同年11月5日、同年12月10日、平成27年2月16日及び同年4月22日にB病院を受診して、経過観察のためにレントゲン検査を受けるなどした。

なお原告は、この間の平成26年9月19日及び同月22日にA大学病院を受診して頭部MRI検査を受けるなどしたが、そこでは特段の異常は見られないとされ、さらに同年11月27日にA大学病院を受診した際には「後遺障害は残らない」などと診断されている。

その後原告は、平成27年5月18日、B病院に2泊入院して、平成26年9月4日に行われた観血的整復固定術において用いられたスクリューを抜釘するための手術を受けたが、同年7月13日に手術創部の自発痛・圧痛を訴えて再度B病院を訪れ、さらに平成29年8月28日にも「右肩の自発痛と圧痛のため車のシートベルトが装着できない。電気風呂に入ったようなピリピリ感と常時圧迫感、創周囲のしびれ感や知覚鈍麻がある」などと訴えて、同病院を受診している。

その後も原告は、一貫して創部の痛みを訴え続けていたことから、「局部に神経症状を残すもの」として自動車損害賠償責任保険後遺障害認定等級第14級9号が認定された。

裁判所は、本件事故時に、被告車両が原告自転車を追い抜く際に安全な間隔を取らなかったことが事故原因となったことを指摘した上で、原告においても、事故発生を回避せず、かえって車道側に寄って行くなど、事故を誘発した落ち度があったとして、過失割合を被告70％、原告30％とした。

そして、被告が主張する原告の代理ミュンヒハウゼン症候群についてはこれを認定せず、本件治療状況はいずれも医師の適切な診断の下で行われたものであったと評価し、原告の加入していた人身傷害補償保険で賄われた部分を除く残りの治療費及び傷害慰謝料を本件事故による損害として認めたが、後遺障害については損害として認めなかった。その理由としては、原告はそれまでに医師から「後遺症は残らない」と診断されていたにもかかわらず、突如痛みやしびれなどが出現しており、他方で、その間柔道をして左肩を痛めたというエピソードもあったことから、「本件事故により原告が将来に向けて回復困難なほどの右肩関節痛の後遺障害を負ったとは直ちには認め難い」とされた。

＊

本件の交通事故裁判のように、損害賠償請求訴訟においては、損害金額が争われることになり、その際には被害内容、つまり被害者が負ったと主張する傷病の「程度」について争われることは非常に多い。

そしてそうした場合に、どんなに被害者が真摯に被害の重大さを訴えたとしても、本件のように後遺障害が「自覚症状」「疼痛」などを中心とするもので、器質的な異常が医学的に証明されない場合には、いわゆる「賠償神経症」という名称で揶揄され、詐欺扱いされることも少なくないのだ。加害者からすれば、被害者が「少しでも大げさに被害を訴え、1円でも多く賠償金を得たい」として「演技」しているようにしか見えないのであろう。

「むち打ち症」をはじめとする交通外傷では、しつこい神経症状が残り続けるにもかかわらず、はっきりとした画像所見が得られない場合が多い。そのため、こうした場合には、原告の症状が本当なのか、賠償金目当ての演技ではないか、あるいは、被害者意識が強いだけではないのか、などの疑問が保険会社や保険会社側の医師らから出されることが常である。

しかし結論から言えば、こうした疑問点に対して「ミュンヒハウゼン症候群」で説明しようとすることは、完全に筋違いである。つまり、これまで述べてきたように、ミュンヒハウゼン症候群患者の症状作出には明らかな「無意味さ」が際立っており、それにはまったく見合わないほどの数多くの検査や治療による「身体的侵襲への患者の受忍」、加えて複数の医療機関や診療科にまたがる「医療資源の浪費」という被害にこそ、その本質があると言うべきだからだ。

▽　インターネットによるミュンヒハウゼン　△

ＳＮＳやチャットルームなどのオンラインでのコミュニティで、重い病気を抱えた悲劇の主人公を演じるケースが数多く報告されている。たくさんの人の同情を集め、温かな激励や支援を集めた結果、最終的にすべて嘘だったということが明らかになるケースが相次いでいるというのだ。

闘病生活や自殺願望、犯罪や事件の被害、生きづらさや被虐待経験などの独白には、多くの人が心を揺さぶられる。そのため、最初は軽い気持ちでそのような内容をネット上に書き込んだのだとしても、その記事に共感し、支援してくれる人がひとり、またひとりと増えていくことで、善意に満ちた、居心地のいい温かなコミュニティができ上がるのだ。この殺伐とした世の中にあって、これは誰にとっても「離れがたい居場所」となることだろう。そして、そこがヴァーチャル空間だからこそ、このようなコミュニティがたちまちでき上がってしまうとも言えよう。

日常生活で、例えば会社の同僚やママ友などが困っていたとしても、実際に手を差し伸べることにはかなりの躊躇が生まれる。頼られてしまい、様々な「お願い」をされるようになっても困るし、しつこく電話やＬＩＮＥで悩みを相談されるようになっても煩わしいだけであろう。

しかし、リアルで接点を持たない人間とブログや掲示板、SNSなどのネット上のみでつながっている場合には、自分の気が向いた時だけアクセスすればいいので、非常に楽である。過剰に迷惑をかけられるようになれば、ブロックしたり、フォローをやめたり、サイトにアクセスしなければいいだけなのだ。

しかし、このような「関係性の気楽さ」とは対照的に、このような嘘にまんまと騙されてしまった人の精神的な打撃は、思った以上に大きい。トラウマになり、人間不信に陥ったり、うつ状態になってしまうことさえある。

騙された人はこれまで、その人の精神的な救いになるため、物理的な距離を埋めようとばかりに全身全霊をかけて熱いメッセージを送り続け、場合によっては実際に見舞いの品や「お守り」などを送り、感謝されるたびに大きな喜びを感じてきていたのだ。

心優しい人物にとって、「誰かの生きる支えになっている」という確信はとても心地がいいものであり、逆に生きる希望をもらっているような気持ちにさえなる。そしてそれが高じると、恋愛の場合と同様、相手に自らのアイデンティティをすべて傾け、感情エネルギーを惜しげなく使い続けてしまうのだ。

他方、騙す方にとっても、見知らぬ他者からの激励は大変心地よいものであり、両者にはいわば「共依存」のような関係性ができ上がることになる。そのため、騙す方としては、「そこまで深く考えていなかったけど、ここまで親身になってくれたから、引くに引けなくなってしまった」「心配のメッセージを受け取るたびに、何だか新しい闘病エピソードを要求されているように感じて、ついエスカレートしてしまった」などと、あたかも「相手のためにサービスを提供していた」という程度の感覚であったりする。

例えば、米国で実際に起きた典型的な事例として、19歳の女性が白血病との壮絶な闘いをウェブに書き綴っていたというものがある。その内容を読んだ人は、彼女の前向きでけなげな様子に心を打たれ、心から回復を祈った。そして、女性と支援者との感動的なやり取りがさらに話題となり、彼女のブログの閲覧者はどんどん増えていったのだ。そして、女性がとうとう闘病の末に亡くなったと伝えられたときには、全米の多くの人々がその死を悼んで涙した。

しかし、しばらくして『ニューヨークタイムズ』紙がこれを、ウェブを使った手の込んだいたずらだと報じたのだ。19歳の女性の名前や経歴は真っ赤な嘘であり、実際には40歳の主婦が作り出した架空の話であって、彼女は亡くなるどころかぴんぴんしていることが判明したのだという。

もしこの嘘が暴かれることがなければ、未だに多くの人が彼女の魂に祈りを捧げ、彼女の代わりに素晴らしい人生を生きようと誓い続けていたかもしれない。だから、恐らく「真相など知りたくなかった」という人が大多数であったはずであり、そう考えると『ニューヨークタイムズ』紙は、かなり意地悪である。

そして、似たような事例は次々とウェブ上に生み出され、やがてその大部分がひっそりと「区切り」を迎え、また新たな事例が生み出され続けるものと想像できる。

ＳＮＳに「いいね！」がたくさん欲しいために、様々な人に「いいね！」を長時間かけて押さなければならないという話や、グループで集中的に「いいね！」を相互に押し合うような関係に疲れてきたという話は、よく目や耳にする。そして最近は、「いいね！」が売買の対象にさえなっているのだという。「いいね！」ボタンによる他者からの承認に依存してしまう心理は、「映え」を意識し過ぎた過剰なインスタグラムの演出などにもよく表れている。

そして、信じられないような不幸話と、それに健気に立ち向かうヒロイズムは、「いいね！」を希求するこれらの心理とすんなりマッチするのだ。

こうした人々に対し、メディアや個人のブロガーなどが「インターネット上のミュンヒハウゼン症候群」などと称しているのをしばしば目にするが、本書のミュンヒハウゼン症候群とはまったく重ならない。そもそも、それらの人々の行動には、他人を当惑させるような「了解不可能性」はない。恐らくこの場合の「病気のふりをする」動機とは、人にもよるだろうが、上述したような「他者からの承認欲求」をはじめ、「復讐」や「愉快犯的行動」、その他、ネットユーザーを情緒的に搾取することによって得られる何らかの情緒的満足の希求であろう。いずれも、われわれがよく知るお馴染みの心理であり、あえて「ミュンヒハウゼン症候群」という言葉で表すことへのインセティブはない。

むしろ、こうした事例に同用語を用いることによって、同症候群の概念を混乱させ、誤解を生むことになってしまっているのだ。

▽社会的緊張理論△

ネット上のコミュニティですっかり騙され、善意をしゃぶり尽くされた人々からすれば、「どうしてそんな嘘が平気でつけるの？」「人を騙して、恥ずかしくないの？」などと信じられない気持ちになるであろう。しかし、ここで心理的抵抗を取っ払い、立場を入れ替えて想像してみれば、こうした人々の心理を理解することは、さほど難しいことではない。

犯罪学理論の中に、「社会的緊張理論」というものがある。これをわかりやすく言うと、「欲しいものを手に入れたい欲望があるのに、それを実現するための手段が与えられていないために、『力づくで（違法な手段で）手に入れるしかない』と考えて犯罪に手を染める」というものだ。家が金持ちであれば、親が優しくて何でも買ってくれる人であれば、欲しいゲームを手に入れるために違法な手段を用いる必要はない。しかし、貧乏で親が何も買ってくれない家の子どもが欲しいゲームを手に入れるためには、友達から盗むか、万引きするしかないと考えてもおかしくはない。

注目の獲得についても、これと同じ考え方ができる。芸能人であれば、美人であれば、セレブであれば、トークやダンスが抜群に上手であれば、面白い漫画や美しい絵を描く才能があれば、人々は勝手に注目してくれる。そうした人々であれば、さしたる苦労もなく、Twitterやインスタグラムのフォロワー数、Youtubeのチャンネル登録者数を増やすことができるだろう。

しかし、これらの「人の耳目を引く魅力や特技」がない、ごく平凡な人物が人々の注目を集め、人気者になるためには、人とは違ったことをする必要がある。いわゆる「迷惑系ユーチューバー」なる存在も、こうした動機から生まれたのであろう。

そして、過激なことやお笑いなどとはほど遠い「普通の」人が手っ取り早くネット社会で注目を集めるためには、何よりも「不幸話」がうってつけなのである。「不幸話」には、両親から大切に育てられ、他人に感謝し、幸せに生活している人々が吸い寄せられてくる。彼ら／彼女らは、自分の想像できないような不幸を背負った人には優しくしなければならないと、無意識のうちに感じてしまうのだ。

そして、こうした「幸せな」人々こそが、「欲しいものを手に入れる手段を与えられている人」

である。彼ら／彼女らは、日常生活を送る上で自分たちが当たり前のように手にしている手段が与えられていない人間の存在を意識したり想像することはめったにない。だからこそ、彼らの言葉にまんまと騙されてしまうのだ。

だから、逆に「そうでない」人々は、ネット上ででっち上げの不幸話をする人々の欺瞞に気付きやすい。同じように、本当は病気ではないのに「病気のふりをして人々の同情を買おうとする」人に対して、同じ病気を「真に」有する人間は敏感であり、そうした行動に嫌悪感を抱きやすい。

▽医師とミュンヒハウゼン症候群患者との「共存関係」△

ここで「本来の」ミュンヒハウゼン症候群に話を戻すと、「本物の」病者を多数扱ってきた医療者であれば、その患者の欺瞞に満ちた言動には違和感を抱くはずなのだ。しかし、これまで医師らはこうした虚偽患者にまんまと騙され、せっせと本来は不要であるはずの検査や治療を施し続けてきている。なぜ彼らがまんまと騙されてしまうのかと言えば、医師の使命は「患者の病気を治すこと」であり、少しでも早く病気を治すことが患者の幸せにつながると信じて疑わないからである。そして、そうした信念を強く持てば持つほど、患者の訴える症状を真剣に受け止め、星の数ほどある医学論文を検索し、様々な可能性を考慮して様々な治療法を試すことになる。そこで、「国内で初めての症例報告になるかもしれない」「新たな遺伝病を発見できるかもしれない」などというアカデミックなインセンティブもちらつく。そうなると、ますます患者の不可解な症状にのめり込むことになる。

そして患者は担当医に対し、「完全にあなたを信頼して、どのような検査や治療でもすべて信じて委ねる、それによって命を落とすことがあったとしても、同じ病に苦しんでいるであろう他の患者の役に立つのであれば構わない、むしろ自分が死んだ場合、病理解剖をして病気の原因を徹底的に調べ、症例報告して欲しい、それによって治療法が確立することを望む」とまで言ってのけるのである。

医師はこうした患者の申し出にすっかり心を打たれてしまい、完全に患者の病気の検索にがんじがらめになってしまう。そして、原因に手が届きそうになればするりと手をすり抜けてしまうという経験を繰り返すうちに、あたかも患者と「運命共同体」になってしまうのだ。これは、まじめな医師であればあるほど、陥りやすい罠である。

したがって、「代理ミュンヒハウゼン症候群」の概念は、このような善良な医師の「まさか、患者が医療者を騙すなんて……」「まさか、自ら病気を作り出すなんて……」という固定観念を取っ払い、「病者になることで医療者からの援助を希求する患者が存在する」ということ、そしてそれをできるだけ早く、適切に診断し、精神医学的な介入を行わなければ、「別の医療機関に被害が及ぶ」ということを理解するための「シンボル的な概念」として存在すべきものだと思われる。そしてそのためには、ミュンヒハウゼン症候群という概念をいたずらに広げ、単なる「病気のふりをしたがる人物」を広く揶揄するスラングに貶めるべきではなく、医師の想像を超えるような虚偽や作為を平気で行うことによって医師との共存関係を持とうとする、特定の精神的な問題を有する患者を表す言葉として理解されるべきだと考えるのである。。

▽ミュンヒハウゼン症候群の精神神経学的病理△

病的な虚言を繰り返す人がいる。本人もこうした癖を自覚していて、どんどん周囲が離れていくこともわかっているため、どうにかこの虚言癖をやめたい。しかし、どうしてもやめることができないというのだ。こうした人物は、嘘を嘘で塗り固め、どんどん嘘を重ねていくことで、もはや嘘が事実になってしまい、嘘の中で生きていくしかなくなってしまう。

嘘つきの脳についての研究は、今世紀初頭から見られており、近年は、脳機能画像法と呼ばれる、生きた人間の脳活動を画像化する手法の登場とあいまって、目覚ましい発展を遂げている。

機能的磁気共鳴画像法（functional magnetic resonance imaging：ｆＭＲＩ）と呼ばれる手法では、被験者がＭＲＩ装置の中に仰向けに横たわって入り、与えられた課題に取り組むよう求められ、そのときの脳の映像が何枚も撮影される。こうして撮影された脳の画像データを集めて、コンピューターを使って解析計算し、課題を行っている時の脳の映像と、何もしなかった時の映像とを比べることで、脳のどこが働いているのかを調べることが可能となるのだ。

また、同装置を用いた膨大な研究から、「このような場合にはこの脳の部位が活性化する」というデータがある程度蓄積されてきており、このデータベースと特定の人物の脳画像とを比較し、その活性に特徴的なものがあるかということを調べる研究も行われている。

さらに脳血流の状態を観察する脳血流シンチグラフィ検査（Single photon emission computed tomography：ＳＰＥＣＴ）によって、患者の脳血流の状態が一定の症状にどのようにかかわっているかということまで調べることができるようになった。

これらの画像検査を用いた嘘つきの研究が、多く報告されてきているのだ。例えば被験者に対して質問をし、ランダムに嘘の答えを混ぜてもらい、本当のことを言っている時の脳の働きと、嘘をついている時の脳の働きの違いを探し出すことによって、「通常の人が嘘をつく時に活性化する脳領域」を特定するというものである。その結果、嘘をつく際に最も活性化する脳領域は前頭前野であることが、多くの研究によって突き止められている。前頭前野はヒトの脳の中で最も高次の領域であり、社会性や理性を司っている部位である。

さらに、人が嘘をつく際に活性化する脳の部位はより特定されてきており、前頭葉の運動前野の両側腹側前頭前野、前頭葉の上部にある上前頭回、そして大脳の内側にある前部帯状回、などがその候補として挙げられている。

そこで興味深いのが、近年、「慢性の嘘つき病」であるミュンヒハウゼン症候群の患者の脳検査によって、これらの嘘にかかわる脳領域の活性が低下していたり、不均衡になっていることが指摘されるようになったことである。そしてこのような脳所見は、平気で人を欺き、自分の利益のためには躊躇なく他人を利用する冷血漢と言われているサイコパスの脳の特徴とも似ているというのだ。

通常、人は嘘をつく時に、ある種の抵抗を感じる。この抵抗感が恐らく、前頭前野の活性とかかわっているのだろう。しかし、何の抵抗感もなく、滑らかに次から次へと「平気で」嘘をつく人物は、「嘘をつく」という意識もないまま、本当の情報を処理する際とまったく同じように、脳での処理を行っているというのだ。

サイコパスは、良心の呵責を覚えることがないし、反省することもできないとされている。さらには、他人に同情することも、感情移入することもない。これは生まれつき、前頭前野のある領域の血流量が低下していることがかかわっているものとされており、そのため、何のストレスを感じることもなく、躊躇なく残酷な行為をすることができるのだという。

そのように考えると、医療者の迷惑も顧みず、自らの不利益や苦痛などもものともせず、ありとあらゆる嘘をついて医学的ケアを受けようとするミュンヒハウゼン症候群患者の病理には、このような脳機能の障害がかかわっているのかもしれないのだ。

この領域の研究はまだ発展途上であるため、今後の研究の進展が待たれるところである。近い将来、ミュンヒハウゼン症候群患者の治療法が開発されることになるかもしれない。

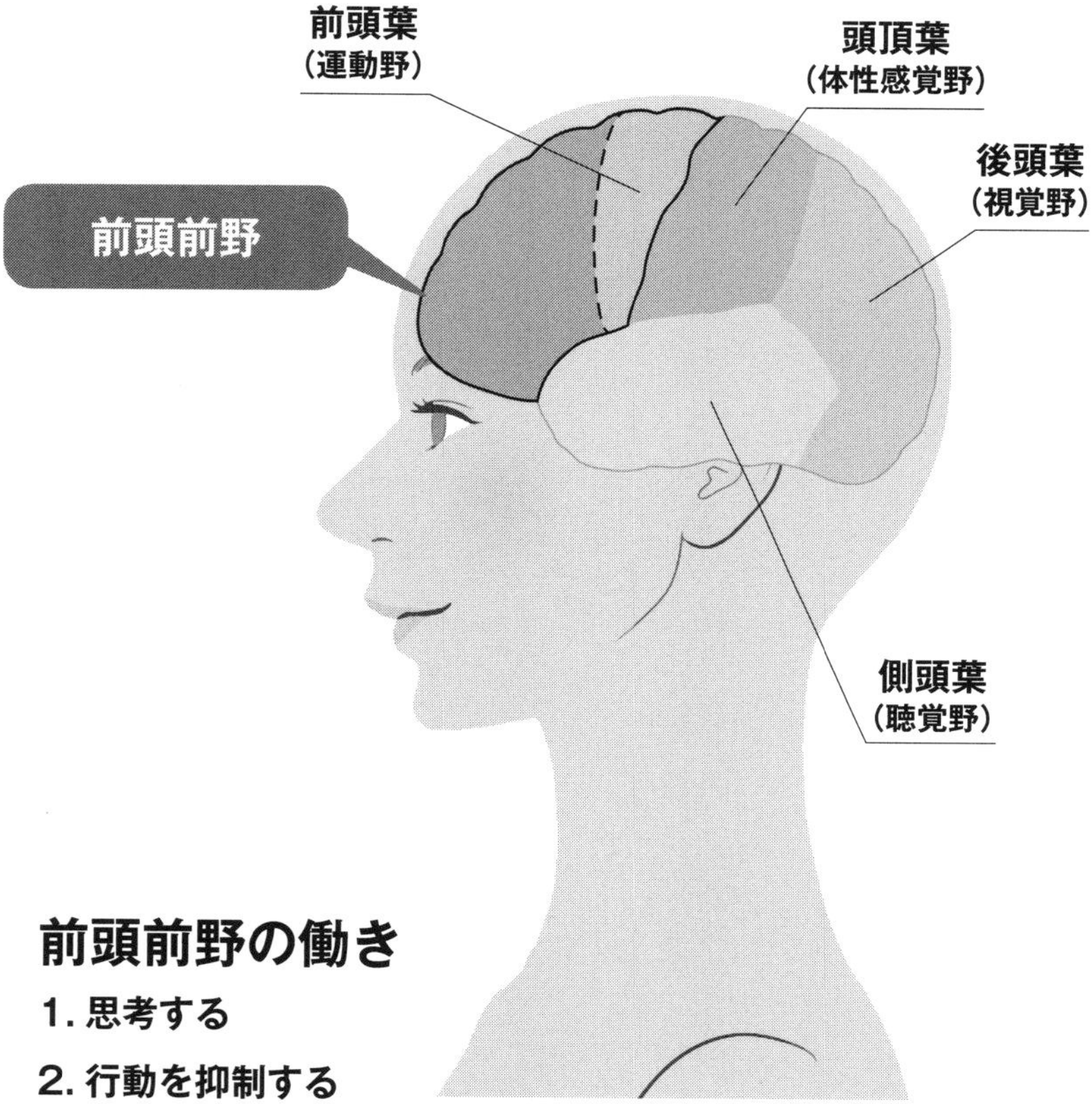

前頭前野の働き

1. 思考する
2. 行動を抑制する
3. コミュニケーションする
4. 意思決定する
5. 情動の制御をする
6. 記憶のコントロールをする
7. 意識・注意を集中する
8. 注意を分散する

映画・テレビの中の
代理ミュンヒハウゼン症候群　①

日本のテレビ番組

２０１０年に、わが国初の、代理ミュンヒハウゼン症候群（ＭＳＢＰ）の裁判員裁判が行われることになった。いわゆる「京都点滴汚染水事件」（第４章参照）である。この事件が大きく報道されるに伴い、ますますわが国でのＭＳＢＰに関する関心は高まってきたのだ。

この時期私は、この事件を報道するワイドショーに引っ張りだことなった。特にＭＳＢＰの専門家とか権威とか言うほどのものではなかったのだが、２００２年頃から毎年のようにＭＳＢＰに関する論文を発表しており、それらの文献情報がインターネットにいくつもアップされていたため、「代理ミュンヒハウゼン症候群」という聞き慣れない病名を解説してくれる専門家を探すためにネット検索をしていた記者の目に、私の名前が一番多くヒットしたということだった。

２０１２年以降には、「京都点滴汚染水事件」の再現ドラマ作りに２回、ＭＳＢＰ虐待をテーマにしたフィクションドラマに１回、それぞれ協力した。

これらのテレビ番組に散々引っ張りまわされた感想は、「二度とごめんだ」というものだ。私がどんなに丁寧に「ＭＳＢＰは親の精神疾患ではない。『親がＭＳＢＰに罹患している』という表現を絶対に使わないで欲しい」と何度も懇願したが、あっさりとその約束は破られることが常であった。そのため、日本国民の多くには「ＭＳＢＰは親がかかった病気である」という、根深い、しかし誤った信念が植え付けられている。このことに私は、大変忸怩たる思いを抱えているのだが、このことについては４章でたっぷりと論じたいと思う。

映画『シックス・センス』のキラ

恐らく日本公開の映画で、MSBPらしき物語が映画に登場したのは、『シックス・センス』（1999年）が最初のものではなかっただろうか。

＊

小児精神科医であるマルコム・クロウが出会った患者、9才のコール・シアーは、情緒不安定でひどく怯えており、その理由を母親にも話せなかった。しかしマルコムがコール少年の信頼を得ることができた時、彼が告白したのは「僕には死んだ人が見える」という事実だった。

そのうちコール少年は、自分の前に現れる幽霊たちは何かを伝えにきているのではないかと考え、やがて「死者の未練を聞いて、彼らの助けになりたい」と考えるようになった。

そしてその頃、コールの目の前に吐しゃ物を吐き出す少女の幽霊が現れた。恐ろしくなったコールはいったん逃げ出したが、その少女の助けになりたいと考え、マルコムとともに少女の家に行くことにした。すると、家では彼女のお葬式が行われていて、弔問客が「6人もお医者さんが替わったんだって」「下の子も病気らしい……」などとささやき合っている。

弔問客にまぎれて彼女の部屋に行ったコールは、ベッドの下に隠れていたキラから「お父さんに渡して欲しい」と、箱を渡された。その箱の中にはビデオが入っており、父親は弔問客らの前でそれを再生した。

そのビデオは、棚に隠したカメラからキラが療養するベッドを撮影しているものだった。最初、キラが人形で芝居をする姿が映っており、父親は頬を緩めるが、そこにキラの食事を母親が運んできたため、キラは急いでベッドにもぐりこんだ。そして母親はキラに背を向ける形で（カメラには正面を向いた形になる）、床洗剤をキラの食事にたっぷりと入れ、それを食べさせていたのだ。

わが子を殺した犯人が妻であることを知った父親は、「ひどい母親だな」と言った。キラは、母親のターゲットが妹に移っていることが心残りで、コールに助けを求めたのだ。

＊

この映画が公開された時、私はすぐに劇場に足を運んだことを覚えている。いわゆる「オカルトもの」が大好きで、主演のブルース・ウィリスも大好きだったからだ。そして、母親が子どもの食事に洗剤を盛るシーンは、当時衝撃を受け、そして今でも強い印象として残っている。当時はまだ医学の大学院に進学しておらず、当然MSBPなどという虐待があることなどまったく知らなかったので、「子どもが邪魔な母親だったのかな。それにしても恐ろしい……」程度の認識であった。

おりしもその前年である1998年、和歌山毒物カレー事件という、地区の夏祭りで提供されたカレーに毒物が混入され、そのカレーを食べた67人が急性ヒ素中毒になり4人が死亡したという凄惨な事件が、メディアを大いに賑わせていた。その犯人とされた主婦は元保険外交員で、元シロアリ駆除業者である夫と組み、夫や従業員などにヒ素を何度も飲ませて後遺障害が残る重篤な中毒症状を作り出し、そのたびに多額の保険金を受け取っていたと報じられていた。

だから、この報道が強い印象に残っている日本人の多くは、シックス・センスのこの場面を見て、「母親が保険金目当てか何かで、わが子を病死に見せかけて殺そうとしたのだろう」と考えていたのではなかったろうか。

もちろん、この場面だけでは母親の目的が何であるかは、わからない。しかし、「6人もお医者さんが替わった」という弔問客の台詞は、MSBPを意識したものであると考えると非常にしっくりくる。

第2章

代理ミュンヒハウゼン症候群とは何か

Munchausen Syndrome by Proxy

▽ 代理ミュンヒハウゼン症候群との出会い △

私が代理ミュンヒハウゼン症候群と付き合うようになってから、20年近く経つ。私が初めてこの奇妙な存在に触れたのは海外の法医学の教科書で、「児童虐待」の章に「被虐待児症候群(The Battered Child Syndrome)」、「乳幼児揺さぶられ症候群（Shaken Baby Syndrome)」の項目と並べて説明されていた。「Munchausen Syndrome by Proxy」という名称を見て、「これはいったいどう訳せばいいのか」と悩んだものだ。Proxyという単語には代理、代理権、代理人、代理委任状などの日本語訳が付けられる。これが症候群名の後に付いているのだ。

本文を読んでみると、どうやら、もともと「ミュンヒハウゼン症候群」という精神疾患名が存在しているらしいことが分かった。しかし、精神疾患を代理するっていったい？　しかもこの症候群は、精神医学の本ではなく、法医学の本に「虐待」として堂々と載っているのだ。いうまでもなく、法医学は死体を扱う学問。そう、私は当時、大学院生として法医学教室に所属していた。法学部を出て、大学院の修士課程で法学研究科に所属して児童虐待を研究した後、もっと本格的に児童虐待について研究したいと考え、医学の門を叩いたのだ。

法学部という文系の権化から理系の権化である医学部の、しかも犯罪に関連して亡くなった人の解剖を行い、死因を究明する医学領域という超特殊分野に鞍替えし、それはそれは様々なカルチャー（アカデミック）ショックの連続であったが、ひとしきり勉強してきたつもりの児童虐待のジャンルの中にこんな奇妙な名称を見つけたことには、特に運命的なものを感じざるを得なかった。それ以来、代理ミュンヒハウゼン症候群は、私の大学院での研究テーマのひとつになった。

そして以降は、代理ミュンヒハウゼン症候群についてわが国の小児医療や児童福祉の従事者にも周知すべく、せっせと様々な文章を書いたり、メディアに発信し続けてきている。そして現在ではある程度、その目的を果たすことができたと自負しているものの、なおこの症候群に対する世間の誤解が非常に根深いということに気付かされるばかりである。

まず、ウィキペディアに書かれている「代理ミュンヒハウゼン症候群」の説明が、冒頭から間違っている。

「代理ミュンヒハウゼン症候群とはミュンヒハウゼン症候群の一形態であって、傷害の対象が自分自身ではなく何か代理のものであるような精神疾患である」（ウィキペディア、２０２１年５月現在の表記）

なんのことだかさっぱりわからない文章である上に、重大な誤りが2カ所ある。ひとつ目は

「ミュンヒハウゼン症候群の一形態」としている部分。そしてふたつ目が致命的であるが、「精神疾患である」という言い切りである。代理ミュンヒハウゼン症候群はミュンヒハウゼン症候群とはまったく別ジャンルのモノと言うべきものであるし、正確には、「加害者が精神疾患を持っている場合もあれば、まったく正常な場合もあり、むしろ後者の方が多い」と言わなければならない。この点については、4章で詳述する。

なお、私は2010年に『代理ミュンヒハウゼン症候群』（アスキー新書）を上梓し、そこで丁寧に丁寧に「代理ミュンヒハウゼン症候群は精神疾患の名前ではありません」と説明したにもかかわらず、多くの書評に「厄介な精神疾患だと納得」などと書かれた。いや、そこで納得するなよ！　とツッコミを入れたものであるが、これは読者の誤解を最後まで解くことのできなかった、私の筆力の限界であったと認めるべきであろう。

そこで本書では気持ちを新たにして、代理ミュンヒハウゼン症候群についてさらに丁寧に説明し、是非読者各位に正しい認識を持っていただきたいと願っている。

▽　代理ミュンヒハウゼン症候群のことはじめ　△

代理ミュンヒハウゼン症候群は、１９７７年に英国の小児科医であるロイ・メードゥ先生が、やはりアッシャー先生と同じく『ランセット』に、ふたつの症例報告とともに発表したのが始まりである。この記念すべき最初の論文のタイトルは、「Munchausen syndrome by proxy; The hinterland of child abuse（代理によるミュンヒハウゼン症候群：児童虐待の奥地）」だ。この論文は、「一部の患者は一貫して虚偽の話をし、証拠を作り上げているため、病院での不必要な検査や手術を引き起こしている。ここでは、虚偽によって子どもたちに無数の有害な病院の処置を引き起こした親たちについて説明する――代理によるミュンヒハウゼン症候群の一種である」と要約されている。つまり、これを読んでわかるように、ここには一言も「親の精神疾患」などという言葉は出てきていない。

前章でみたように、ミュンヒハウゼン症候群は、「病人になって様々な検査や治療を受けたい」など、「自分が病者の役割を取る」という特殊な嗜好を有する患者の一群を指す名称であった。しかしこれに「代理」と付くと、自分ではなく「代理の誰かに病人になってもらう」という異常行動を指すことになるのだ。

ここでは前章に倣って、メードゥ先生による記念すべき最初の論文を紹介することとするが、児童虐待研究の権威である坂井聖二先生が『子どもを病人にしたてる親たち』（明石書店、2003年）で素晴らしい訳を付けておられるので、それを参考にしつつ、さらにわかりやすく記していこうと思う。

メードゥ先生の論文は、以下のように始められている。

＊

幼い子どもを診察する医師は、親が申告する病歴に大きく依存している。親は症状を大げさに言う傾向があるので、多少話を割り引いて聞く必要があるとしても、普通、医師は親の話を信用する。親によって申告された病歴は、子どもへのその後の医師の対応を決定づけることになる。それは子どもへの検査と治療方針の基礎となるものだからだ。

最初に報告する症例は、過去6年間にわたって、親が子どもに関する虚偽の情報を医師に提供し続けたものである。親の虚偽の申告は計画的かつ系統的であった。親は子どもの症状に関して嘘をつくにとどまらず、医師に誤った判断を下させる目的で、身勝手に尿の検体を汚染した。それによって、子どもへの診断と治療が繰り返し妨害されたのである。この幼い少女は、複数の病院において、不必要なおびただしい種類の検査を繰り返し受けることになったばかりか、麻酔、外科手術、放射線療法など、苦痛を覚える、無意味な、しかも危険きわまりない治療にも何回となくさらされ続けたのである。

もうひとつの症例は、中毒量に達するほどの大量の食塩を親によって強制的に飲まされ、三カ所の病院に繰り返し緊急入院した乳児である。最後の入院時には、子どもはすでに死亡していた。

このふたつの症例は多くの共通点を持っている。両症例とも最終的には「非偶発的な(訳注：故意による)傷害」というカテゴリーに入れられることになるかもしれないが、延々と続いた長期間にわたる病院での治療的かかわりは、私にある症候群を連想させたのである。それは、「ミュンヒハウゼン症候群」である。しかし私が遭遇したケースは、子どもを「代理にした」ミュンヒハウゼン症候群であった。

＊

ここに書かれている内容は、れっきとした児童虐待であることがわかる。しかも、親の「代理として」病気の状態に仕立て上げられた上、そのでっち上げの症状にすっかりと騙された医師の手によって、さらに不必要で有害な、苦痛となる治療が与えられ続けていたのである。つまり、子どもは、親による虐待行為を受けた上に、さらに医師によって、医療行為という二次的な虐待もが加えられることになるのだ。

この虐待を受ける子どもの多くはかなり幼いため、自分が何をされているのかわからない。そして、自分を守ってくれるはずの大人によって、次々と苦しみを与えられ続けるのであり、身を守る術も、助けを求める術も持たない。したがって、親のこのような密かな企みに、医療従事者が、周囲の人間が、いち早く気付き、この蟻地獄から子どもを救い出す必要がある。

ミュンヒハウゼン症候群の場合には、実質的には「自分で症状を作り出し、無意味な治療を自ら受ける」という自傷行為なのであり、それに医療者が巻き込まれるという状況が作り出されるため、被害者は専ら医療者ということになる。しかし「代理ミュンヒハウゼン症候群」の場合には、最大の被害者は間違いなく、何も知らずに親の身代わりにされた「子ども」である。親によって病気にされた子どもは、何度も苦痛を味わわされ、病院に縛り付けられ、長期間にわたって社会的な活動から遠ざけられる結果、健全な成長を大きく阻害されてしまうばかりか、深刻な後遺障害が残ったり、死亡してしまうことさえあるのだ。

▽メードゥ先生によるふたつの症例報告△

アッシャー先生は、自らが遭遇したミュンヒハウゼン症候群の患者の症例を医療者らに広く提示することで、似たような症例報告がされ、このような「困った患者」に共通した精神医学的病理を特定し、治療につなげたいとの意思を表明していた。

同様にメードゥ先生は、「時に母親がわが子の症状を偽ることがあるということ」、そしてその嘘に医師が騙されてせっせと検査や治療を行うことで、医師が虐待に加担してしまうことに警鐘を鳴らすために、以下のふたつの症例を提示したのだ。

なお、メードゥ先生の示す「世界初の代理ミュンヒハウゼン症候群報告例」は、アッシャー先生のそれに比べ、ユーモラスさは一切なく、親による症状のでっち上げがいかに子どもを苦しめ、同時に医療者を悩ませるかということを余すところなく伝える、恐ろしいものである。そのため、以下ではかなり長文にわたってしまうが、できるだけ正確に、メードゥ先生の経験した症例について紹介したいと思う。

《1例目　「細菌による尿路感染症」疑いのケイ》

6歳の少女ケイが、メードゥ先生の勤務するリーズ中央病院小児科に紹介されてきた。ケイは、わずか生後8カ月の頃から「悪臭を放ち血液が混入する尿」という、これまでに例のない奇妙な症状によって、様々な病院を転々としていた。過去に二カ所の専門病院でありとあらゆる検査が行われたものの、その病気の原因は特定されるに至らなかったのだという。

ケイはいずれの病院でも抗生剤を与えられることとなり、新たな抗生剤が開発されるたびにそれが試されるということを繰り返し、それまでに七種類もの抗生剤治療を受けていた。そのため幼いケイは、抗生剤の副作用の発疹・発熱に苦しめられ、さらに抗生剤の乱用によって免疫が低下したことで、カンジダ感染症まで発症していた。

こうした徹底的な治療はまったく奏効せず、ケイは悪臭のある血液の混入した尿を排泄し続けたばかりか、発熱、下腹部痛のほか、外陰部の疼痛や膣からの分泌物などの訴えまでもが続いていた。

当時まだ若く野心家であったメードゥ先生は、世界初の病気の第一発見者になれるかもしれないと考え、強い意気込みを持って担当することとなった。

メードゥ先生はケイの全身をくまなく診察したが、何らの異常も発見できなかった。肉眼的には健康そのもので、発育にも問題ないにもかかわらず、どす黒く濁った尿が出続けるのである。尿の試験紙検査では赤血球とアルブミンが強陽性、顕微鏡検査では多数の白血球と上皮細胞が発見されたため、間違いなく血尿であると診断せざるを得なかった。そして、さらに奇妙なことには、尿培養によって大量の大腸菌が検出されたのだ。本来は無菌状態であるはずの尿に「大腸菌」が検出されるということは、尿道のどこかに細菌感染の病巣があるはずだ。そして、その病巣と同様のものが、膣でも感染症を引き起こしているようだ。

メードゥ先生の未知の病気への闘争心は、否応なしに掻き立てられた。

腎臓と膀胱をつないでいる尿管が異常な走行をしているのかもしれない。あるいは、細菌感染を起こしている膿瘍がどこかにあって、その膿瘍と尿管、そして膣が、何らかの解剖学的な異常を起こして連絡しているのかもしれない。しかしこの時代、尿管の走行の異常を既存の検査で確認することは不可能であった。そこでメードゥ先生は小児科と泌尿器科の専門医を招集してカンファレンスを開き、対策を協議した。

その結果、異常な尿が排泄されたら、ただちに尿路系の検査を施行できる体制を整えて待機することと決まった。しかし、いざ血尿が出た際、ただちに膀胱鏡の検査を施行しても、異常な尿はもはや一滴も発見することができなかった。

そこで今度は泌尿器外科の専門医に相談し、血尿がどこからきているのかを徹底的に調査することになった。血尿が出るたびに、尿路のエックス線検査、膣造影、尿道造影、バリウム浣腸、恥骨上からの経皮的膀胱穿刺、膀胱カテーテルの留置、尿の細菌培養、剥脱上皮細胞の病理検査……これだけの検査が最低3回、繰り返し行われた。休日も返上で検査と結果の解釈を繰り返す医師たちの大変な苦労に加え、幼いケイの苦痛も相当なものであったはずだが、何ひとつ異常は発見されなかった。再検査の際に採取される尿には何らの異物も含まれていなかったのだ。

検査は行き詰まり、他の多くの医療機関の医師と同様、「負け」を認めなければならないのかと考え始めたメードゥ先生は、ふとケイの母親の様子を思い出していた。

子どもの病気を心配し、病気を治せない医師に文句のひとつも言わずに生き生きと病院を歩き回っている母親。これまでは気にも留めていなかった親の行動を思い起こして見ると、小児科医としての違和感がふつふつと湧き上がってきた。そこで初めてメードゥ先生は、「これまでの病歴と検査所見がすべて捏造された嘘であったとしたら」という、恐ろしい考えに行きついたのである。

すべての看護師が集められ、ケイが入院してから現在に至るまでの様々な場面を思い出すよう促し、気が付くことを何でも言うように求めたところ、血尿が出た際の状況にはある共通点があることがわかった。異常な結果が出た検体は、すべて例外なく、ほんの短時間であっても、誰も監視していない状態で、母親がいる部屋に放置されていたことが判明したのだ。しかし、このような状況証拠によってもなお、メードゥは「検体に母親が操作を加えている」という仮説には強い抵抗を持ち続け、悩み、躊躇した。そして、医師としての良心ぎりぎりの選択として、母親を罠に掛けることにしたのだ。

まず、厳格な監督下で尿を採取する機会を設定する。訓練を受けた看護師がケイの尿道から直接尿を採取し、採取した尿から一瞬たりとも目を離さずに、メードゥ先生にその尿を届ける。届けられた尿を確認した後、その足で検査室に検体を持ち込み、検査技師に手渡す。こうした方針が三日間続けられ、四日目に上手に監視を緩めることにしたのだ。以降は、尿を取るのを母親に任せることもあれば、看護師が採取した尿を母親がいる部屋にほんの数分間だけ置いておくこともあった。

思った通り、最初の三日間は尿にはまったく異常はなかった。しかし四日目になって、母親に採取させた尿は、どす黒く濁っていた。この際の母親の、自分はまったく疑われていないことを確信しているかのような堂々とした態度に、メードゥ先生は強い違和感を覚えた。

五日目に看護師が採取した尿は、正常であった。その後は、メードゥ先生の仮説を裏付ける結果が繰り返されていった。メードゥ先生はさらに確信を得るために、短時間で採尿者を交互に入れ替える方法を思いついた。そして、以下のような結果が得られたのだ。

採取時間	尿の所見	採取者
午後5時	正常	看護師
午後6時45分	血尿	母親
午後7時15分	正常	看護師
午後8時15分	血尿	母親
午後8時30分	正常	看護師

もはや、血尿は母親の操作であることが明白であるが、さらに血尿が何に由来しているのかを科学的に突き止める必要があった。この段階でメードゥ先生は、恐らく母親が自分の尿をケ

イの尿と入れ替えているのだろうと考えていた。母親には、尿路感染症の既往があったからだ。そこで彼は、母親を何とか説き伏せて採尿させることに成功した。果たして、採取された尿は、どす黒く血液が混入していて、ケイの尿と極めて類似した細菌が検出された。また、この時母親は生理中であった。

しかし、これだけでは母親がケイから採取したとして持ってくる尿が母親自身のものであるという証明にはならない。そこで、メードゥ先生は、少なくともケイの尿ではないことを証明しようと考え、ケイに密かにキシロースの錠剤を投与することにした。ちなみにキシロースとは、現在「食欲をそそる『色と香り』を演出する、安心・安全な食品添加物」として広く食品業界で用いられているもので、もちろん無害である。キシロースは自然界には存在しない物質で、代謝されるとキシルロースとなって尿中に排泄されることが知られている。そのため、母親が持ってきた尿にキシルロースが含まれていなかったとすれば、別人の検体であることが証明できることになると考えたのだ。

しかし結果としては、看護師が採取した尿からはもちろん、母親が運んできた尿からもキシルロースが検出されたため、母親の運んできた尿検体は100%がケイのものではなかったとしても、少なくともケイのものも含まれているということになり、これでは何の証明にもならなかった。

そこでとうとうメードゥ先生は、地元警察の法医学研究所に検体を持ち込んで、分析を依頼したのだ。当時はまだ、DNA検査は存在してなかった。そこでケイと母親の血液型が調べられたが、同じであった。しかし、母親の赤血球の酸フォスファターゼ活性がケイとは異なる型であることが判明したのだ。果たして、母親がケイの尿であるとして運んできた尿検体から、母親の酸フォスファターゼBA型の赤血球が検出され、検体の異物が母親由来であることがようやく科学的に実証されたのだった。

＊

いかがだっただろうか。後半からは、さながら刑事ドラマのような展開だったと感じられるのではないだろうか。小児科医として病気を突き止めることに燃えていたメードゥ先生の目論見は外れ、期せずして小児科学の範疇を超えた恐るべき犯罪行為を暴くことになってしまったのである。ケイはまったく健康であったにもかかわらず、なんと実の母親によって周到に病気に仕立て上げられ、まったく不必要かつ有害な検査や治療が濫用されるという、恐ろしい虐待を受け続けていたのだ。

《2例目「高ナトリウム血症」のチャールズ》

チャールズの病気は、生後6週間の時に始まった。以降、何度も再発を繰り返して救急搬送され、そのたびに異常な高値のナトリウムが血液中から検出されていた。

チャールズの「発作」は、突然の激しい嘔吐から始まり、次第に意識朦朧となり、顔面蒼白のぐったりとした状態で病院に運び込まれることを何度も繰り返した。いずれの際にも、重度の脱水、意識障害、筋硬直、腱反射亢進、時には痙攣までもが観察された。救急外来の医師が、急性薬物中毒、急性脳症、脳出血などの疾患を疑って検査を行ったところ、血清のナトリウム濃度が165mmol/ℓと、とんでもない高濃度で検出されたのだ。

高ナトリウム血症となる原因を検索するため、様々な検査が行われたものの、チャールズの身体からは何らの異常も発見されなかった。そして、ナトリウムを薄めるための慎重な輸液療法が実施されると、半日もしないうちにナトリウム濃度は正常化し、チャールズは完全に元気になって退院するのであった。

この「発作」は、毎月起きていた。この発作を除くと、彼はまったく健康上も発育上も問題のない子どもであった。

チャールズの異常な高ナトリウム血症の原因を突き止めるために、三カ所の医療センターで徹底的な検査が実施されたものの、やはり異常は見られなかった。腎臓からの塩分排出能力を調べるために塩が投与されたこともあったが、塩は腎臓からまったく正常に、速やかに排出されることが確認された。

そうこうするうちに、発作の間隔は次第に短くなり、症状も劇的なものとなっていった。

チャールズが1歳2カ月になった頃、つまり、初めての発作を起こしてから約1年が経過した頃に、メードゥ先生はチャールズの発作が自宅で母親と2人きりの時に限って発生していることに気付いた。

そこで、チャールズの入院中は母親が病室に入ることを禁止してみたところ、チャールズの体調はすこぶる良好であった。しかし週末に外泊を許すと、必ず発作を起こして救急車で戻ってきて、やはり高ナトリウム血症を呈した。この時点で、母親がチャールズに塩を飲ませているという可能性は高まった。

メードゥ先生は、地域のソーシャルワーカーに連絡し、地域の医療機関が連携して、チャールズを助けるためのネットワークを作った。そして、チャールズを保護しようとしていたまさに前日、チャールズは心停止状態でメードゥ先生の病院に運ばれてきたのだ。懸命の蘇生措置は、実を結ぶことがなかった。血中ナトリウム濃度は175mmol/ℓと、致死量に近い濃度を示していた。

チャールズの死後の検索で、胃の粘膜が赤くただれていることが判明し、大量の食塩を直接飲まされていた可能性がさらに高まった。

明らかな犯罪であるため、警察が呼ばれ、チャールズの自宅へと警察が出向いた時、睡眠薬の過剰摂取によって死亡している母親が発見された。遺書には、医師への感謝の言葉が、ぶっきらぼうに書かれていただけだった。こうして、事件の真相は闇の中に葬られることになってしまった。

メードゥ先生は、どうしてこのような恐ろしい犯罪を母親が行っていたのか、どうしても知りたかった。そして一番知りたかったことは、どうやって幼い子どもにあれだけの高濃度のナトリウム量に相当する食塩を飲ませることができたのか、ということだった。理論的に考えると、あれだけの高ナトリウム血症を起こさせるためには、一度に100g近い食塩を飲ませる必要がある。どう考えても、幼児が経口的に飲み切れる量ではない。

そこでメードゥ先生は警察を訪れ、捜査に協力したいと申し出て、事件に関する情報を得ようとした。すると、母親の自宅からおびただしい数の「栄養チューブ」が押収されていたこと、母親は結婚前に看護師をしていたことが判明した。看護師であれば、幼児の鼻から胃まで栄養チューブを挿入することは容易なことだったはずで、栄養チューブを介して胃に直接、大量の濃厚食塩水を流し込んでいたのだろうと結論付けられたのだ。

*

メードゥ先生は、この予想外の結末に困惑した。いったいどうして？　何の目的でこんなことを行っていたのだろうか？　子どもを殺害したかったのか？　いや、それなら、ただちに救急車を呼ぶ必要はないだろう。病院で母親は、明らかにチャールズの容態を心配し、治療に協力的で、彼が早く回復することを願っていた。

メードゥ先生の頭は激しく混乱したが、すぐに思い直した。こんな異常な症例に出会うことは、恐らく一生ないだろう。自分は犯罪学者でも精神科医でもない。こんな異常な母親が何を考えているかなどということにかかわるべきではない、そう考えていた。

しかしその後、1例目で紹介したケイのケースに出会ってしまったのだ。そして彼はこのふたつの症例から、アッシャー先生が26年前に発表して以降、様々な診療科から同様の症例報告の相次いだ、あの「ミュンヒハウゼン症候群」を想起していた。メードゥ先生が出会ったこの2人の母親は、確かにミュンヒハウゼン症候群の患者と同じように、症状をでっち上げ、医療機関につながり、侵襲性のある検査や治療を受けたがっていた。ただし、わが子で。そう、母親はわが子を「代理として」ミュンヒハウゼン症候群患者と同じような行動を取り、自らの歪んだ欲求を満たしていたのだ。

また、メードゥ先生は、この2人の母親がいずれも結婚前に、ミュンヒハウゼン症候群患者に類似した行動をとっていたとも記している。ケイの母親は人生の大部分を嘘で塗り固め、多くの医療機関を渡り歩いており、自身の尿路感染症の検査の際にも尿検体に操作を加えたり、体温を高く申告するなどの行動を繰り返していた。チャールズの母親は、学生時代には周囲からヒステリックであると評価されており、自らが入院した際には、傷が治らないよう細工していたというエピソードを有している。

このような「ミュンヒハウゼン症候群風の」エピソードを母親が有していたことも相まって、メードゥ先生は、母親によるこの一連の恐るべき虐待行為に「代理による」ミュンヒハウゼン症候群と名付けたのである。

▽メードゥ先生による考察△

このふたつの症例を提示したメードゥ先生は、次のように考察している。前著『ミュンヒハウゼン症候群』では、メードゥ先生によるこの最初の、貴重な代理ミュンヒハウゼン症候群の症例の解説を紹介することをサボってしまったために、読者にうまくこの症候群の本質が伝わらず、結果として誤解を完全に払拭することに失敗したのだと考えている。そこで以下では、大変長くなるが、メードゥ先生による考察を、そのまま引用したい。

なお、ここでも、坂井聖二先生の名訳を参考にしつつ、もう少しわかりやすくするように工夫しながら記していきたい。

＊

ここで報告したふたつの症例は、共通する特徴を持っている。母親の話はすべて「虚偽」であった。その虚偽は、慎重に計画された悪意に基づいた嘘であった。母親は、終始一貫して、最初から最後まで、医師にデタラメの情報を申告し続けた。子どもの病状は母親が捏造したものであった。医師が直面した子どもの病的状態は、母親が尿の検体や子どもの身体に自ら手を下したことによって引き起こされた異常にほかならなかった。二人の幼い犠牲者は、その結果、医師による、苦痛を伴う、危険な検査や治療にどっぷりつかることになったのである。そして、2例目の子どもは命を奪われた。

2人の母親は、検体が異常な結果を生み出すように、極めて巧みに行動している。医師や看護師がその行動を見抜こうとしたり、監視しようとする網の目を実に巧妙にすり抜けたのだ。1例目では、「厳しい監視の下で」収集された子どもの検体でさえ、異常を呈していた。しかし後になって、母親がほんの一瞬だけ病室を離れるように看護師を急き立て、わずか1分間だけ、検体が監視されずに放置されていた事実が判明した。2例目では、チャールズが入院中に母親が自分の母乳であると称して提出した検体には、大量のナトリウムが含まれていた。この母乳を採取する際には、検査技師が母親のそばに立って監視していたが、ほんのわずかの間、採取した母乳から目を離していた。その後、母乳を絞り出す際に母親のそばで監視する看護師が、一度採取された母乳のそばを片時も離れないようにして自分で検査室まで持って行くようにしたところ、母乳中のナトリウムは正常値を示したのだ。

2人の子どもを治療している間に、われわれはその母親をよく知るようになった。彼女たちは、非常に愛想がよく、協力的であり、われわれが行う医療行為に対して繰り返し感謝の言葉を口にした。もっと厳しい検査でもいいから是非お願いしたいと言って、われわれ医師を急き立てることさえした。子どもに付き添う母親の中には、病棟での生活に全然息を抜くことができず、見るからにうんざりした様子で、イライラしている人が多い。しかし、この元気いっぱいの2人の母親は、まるで自分たちを医療スタッフであると思い込んでいるかのようであり、医療関係者が彼女たちに向ける関心をエネルギーにしてますます元気になっていったのである。昔の病院では親の面会が厳しく制限され、親が子どもに付き添って病院に泊まり込むことを許可する施設など皆無であった。昔であれば、この2人の子どもに起こっている異常事態の原因が、医学が発達した現在よりも、もっと早く解明できたであろうと推測できることは、皮肉なことである。また、2人の子どもが連れて行かれた病院の臨床レベルが高く、そこで働く医療スタッフが熱心で親切であったからこそ、子どもが入院を繰り返し、多くの検査を受けるという事態が起こったとも言えるのである。

２人の母親は、過去に、抑うつ傾向がある「ヒステリー性格」（訳注・演技性人格障害ともいう。極端な自己中心性が特徴である）という診断を何度か下されたこともあるようだ。われわれも彼女たちが、子どもの症状を大げさに訴えては、もっと早く、徹底的な治療を要求するという場面に何度か出くわしたことがある。彼女たちは、子どもの病気を利用して、親切な病棟スタッフに囲まれた小児科病棟に逃げ込むことを意図しているようでもあった。

１例目の母親は、自分自身の尿路感染についての不安を子どもに投影することによって、自分の病気と直面することを避けている。彼女は、様々な方法を用いて、自分の不安や悩みを子どもに投影していたようにも思える。彼女は別の病院スタッフに向かって、「今度スイスから専門家が娘を診察しにリーズ病院にくるのよ。娘には膣にまで達している治せない腎臓腫瘍があって、それで汚い尿が出るんですってよ」と発言していたことがあった。

この種の捏造された病歴は「ミュンヒハウゼン症候群」を想起させる。母親たちには、ミュンヒハウゼン症候群の患者が治療を求めて全国を旅するという行動パターンを見ることができる。また、彼女たちが申告する病歴が劇的なものであると同時に事実に反するという点もそっくりである。しかし、ミュンヒハウゼン症候群の人が話す病歴はもっと奇抜なものが多く、病院が変わるたびに訴える病歴の内容が変化するという点でも異なっている。彼らは「ゲームオーバー」と、自分で勝手に判断して無理に退院してしまう傾向がある。彼らは自分の身体を痛めつける原因を自ら作り出すが、他人を巻き込むようなことはしないのが普通である。子ども自身が作り話をした、児童期に発生したミュンヒハウゼン症候群が一例報告されている。しかし、1例目は世界で最初に報告された「代理によるミュンヒハウゼン症候群」である。

2例目に見られたような、親が自分の子どもに繰り返し中毒を起こさせた例は、1976年にロジャースらによって報告されている。彼らは「この種の中毒は子どもの虐待だと考えていいのではないか」と述べている。ラスキーとエリクソンは、夫婦間の葛藤がこの種の中毒の原因となる可能性を示唆している。子どもが父親に不当に偏愛されていると邪推した母親が、その子どもを攻撃するという仮説がそれである。子どもが病気になることによって、子どもを犠牲にして、夫婦関係の修復を図っていることが推察できたというのである。

2人の子どもが「虐待されている」ことを、誰ひとりとして見抜くことはできなかった。2人の子どもに対する親の虐待行為は、これまでわれわれが過去に経験した子どもの「非偶発的損傷」（身体的虐待）と比較して、その質、発生周期、計画性においてまったく異なっていた。そのため、私はこの悲しむべきふたつの症例を身体的虐待の変種と位置付けることに抵抗を感じている。

このふたつの症例にどんなレッテルを張るにしても、われわれ医師は、場合によっては、親が述べる病歴や臨床検査所見でさえも疑ってかかる必要があるということを、この2症例は教えてくれたのである。「母親は常に正しい」とわれわれは学生に教育しているし、私もそう教育すべきであると信じている。しかし、同時にわれわれは「いったん母親が悪意を持つと、その悪意は恐ろしいほどの様相を呈することがあるのだ」ということも認識する必要があるのだ。

アッシャーは「ミュンヒハウゼン症候群」の論文を次のように書き起こしている。「ここで記述される症状は、ほとんどの医師が見たことがある極めてありふれた症状である。しかし同時に、その症状はこれまで誰も記述しようとしなかったものでもある」

ケイの母親の行動は、これまで医学文献には登場したことがないものである。彼女たちの捏造技術が高度であるからであろうか、あるいは、ただわれわれがそれを認知していないだけなのだろうか？

（後記）

この論文を、多くの親切で誠実な医師たちに捧げる。彼らは、2人の子どもとその家族を救う努力を惜しまなかった。彼らは騙されていたにもかかわらず、母親たちが子どもについて申告した話を、常に、誠実に、信じ続けていたのだ。

＊

いま改めて読み返しても、非常に格調高い、理知的で示唆に富む素晴らしい「考察」だと思う。必要以上に母親を責めることなく、過度に子どもに感情移入することもなく、憶測を最小限にし、ただ事実に基づいた控えめな考察を冷静に書き進めている。そこには、新種の症候群を発見してしまったぞ！　という喜びのようなものは一切感じられず、むしろ小児科医として、このような児童虐待が存在することを知ってしまったことへの悲しみの感情に満ちているように見える。

メードゥ先生は、このふたつの症例は間違いなく児童虐待に他ならないと論じているのであるが、同時に、単なる身体的虐待の一類型であると分類することを躊躇している。児童の身体的虐待というのは、もっと短絡的で、浅慮な暴力的事象であったはずなのに、むしろこの虐待は、そういった心情とは対極にあるからだ。子どもをつい叩いてしまう親に対しては「まずは一息、深呼吸」、「叱らないハッピーな子育て」などのアンガーマネジメント的なアドバイスがなされることが常であるが、冷静沈着に、計画的に、医師を巻き込んで実施される複雑な児童虐待を行う親に対して、支援者はいったいどうアドバイスすればいいというのだろうか？

とにかく、メードゥ先生がこの論文を世に出すことによって最も伝えたかったことは、「子どもの症状を捏造する親が確かにいる」ということを、子どもの治療にあたる医師たちは知っておかなければならないということだ。そうでなければ、もし物を言うことのできない乳児が親のでっち上げた病気の申告で病院に連れてこられた場合、医師はとにかくその親の言葉を信じ、せっせと虐待に加担し続けてしまうしかないのである。子どもを助けているつもりが、子どもを不必要に苦しめるだけの行為に熱中していたことに気付いた時、医療者の精神的なダメージは計り知れないだろう。そのことを、メードゥ先生は冷静に警告したのだ。

それにしても、このメードゥ先生の論文は、ただの学術論文という範疇に収まらない、児童虐待という闇に「科学」という視点から真っ直ぐに切り込んだ素晴らしい読み物であり、これこそが超一流の学者の仕事や！　と、私はすっかりこの論文に、そしてメードゥ先生に心酔しきってしまった。そして同じように、世界中の多くの研究者、とりわけ児童虐待に関心を持つ小児科医たちが、この論文にすっかり魅了されてしまったのだ。

メードゥ先生は、この論文で一躍小児医学界の寵児となり、同時に多くの症例が世界中から報告されてくるようになった。そしてメードゥ先生の最初の発表から40年以上たった今でも、続々とおぞましい代理ミュンヒハウゼン症候群の症例が報告され続けているのだ。

▽「偽装者」と「作出者」△

様々な症例報告から、代理ミュンヒハウゼン症候群の加害者の手口の特徴として、実際には存在しない子どもの病状を訴えたり、検体を操作する「偽装者（Fabricator）」と、実際に子ども自身に症状を出させるために薬物を投与したり、窒息させるなどの「作出者（Inducer）」の2種類に分かれることがわかってきた。

「偽装者」は、自分こそは子どもに手をかけてはいないが、その偽装した症状の訴えのために、医療者がおぞましい身体的虐待を「代行」することになるのであり、「作出者」と比較しても、その悪質性においては引けを取らない。また、医療者がありもしない病状や異常な検査結果に対応するための治療をいくら行っても、それらの異常がまったく改善されることがないため、ますます検査と治療が泥沼化しやすい。

「作出者」は、実際に子どもの身体に有害な結果をもたらしていることから、その「さじ加減」を間違えると、そのまま子どもの命を危険にさらすことにもなり得る。チャールズ事件の母親が、まさにそうなってしまった。

なお、「偽装」と「作出」、いずれの場合も、子どもが幼ければ幼いほど、「親が自分に何をしているのか」ということを理解または言語化できない。そのため、代理ミュンヒハウゼン症候群の被害は、低年齢児に集中する傾向がある。

そして、幼い頃から母親に「病気の状態」にされ、医師の前で「重篤なふり」をするとほめられるという経験を繰り返してきた子どもが、ある程度成長してもなお「親の機嫌を取るために」進んで病者の役割を演じるようになることもあり、そのような場合、子ども自身のミュンヒハウゼン症候群なのか、親による代理ミュンヒハウゼン症候群なのかの見極めは非常に困難になる。こうした症例については、次章で詳しく見てみたい。

▽　ＦＢＩの代理ミュンヒハウゼン症候群リスト　△

膨大な症例報告によって、次第に代理ミュンヒハウゼン症候群の手口が明らかにされていく一方で、医療機関だけでなく、捜査機関からも「これは重大な児童虐待である」と認識され、重要視されるようになってきた。２０００年代になる頃には、アメリカでは「控えめに見積もっても毎年千件を超える症例が新たに報告されるようになった」[6]とまで言われるようになり、事態を重視したアメリカ連邦捜査局（ＦＢＩ）が、以下のような11項目にわたるプロファイリングを公表するに至った。そこで以下、それぞれの項目について簡単に解説していきたい。

①あまりにも異常であるゆえに、医学専門家たちに「決して以前にこんなことはなかった」と気付かせるような、説明の付かない、長引く疾患

②繰り返しの入院と決定的な診断を欠く医学評価

③妥当でない、ちぐはぐな症候および／または医学的に理解できないサイン

これらは、医療者が心にとどめておくべきプロファイルである。

ケイ事件で見たように、「いくら抗生剤を投与しても、まったく感染症の症状が治まらない」「尿所見がよくなったと思うと、すぐにどす黒い色に変わる」「全身の精密検査を行って、検体以外はまったくの正常」など、これまでの医学的常識からは説明できないような経過をたどる病状がしつこく続いている場合、「親の作為」を検討する余地があるということだ。医師が「未知の病気」を検索することに没頭すればするほど、「作為」という可能性は見えなくなってしまい、はたと気付いた時には子どもに取り返しのつかないほどのダメージを与えていることになりかねない。

始めは、加害者は慎重に「それらしく見える」病状を装い、さじ加減をしているものであるが、あまりにも医学的関りが長期化し、医師がその病状を疑いかけた頃には、その「目くらま

し」をするために、劇的な症状を作り出そうとする傾向がある。そのため、さらに入院がずるずると長引き、治療方針は振り出しに戻ってしまうのだ。

④明確な原因なく、患児は治療を持続的に受け入れられず、あるいは治療に反応し損ねる

医療者が児童の病状を見立て、治療方針を立てたにもかかわらず、親から不合理な理由で反対されたり、適切に食事療法や投薬管理が行われているとは思えないような検査結果が出続けるような場合が少なくない。

私の知る症例では、親が「子どもがミルクアレルギーである」と言い張ってミルクを与えることを拒否したばかりか、ミルクアレルギー用のミルクも「人工物を口から与えたくない」などと主張し、胃チューブでの栄養補給を強く主張したというものがあった。しかし実際にアレルギー検査を行ったところ、赤ちゃんにはミルクアレルギーをはじめ、何らのアレルギーも認められなかった。

「心配だから」と言いながら、親が有効と思われる治療を拒絶する一方で、より侵襲性の高い「新規の」あるいは「高度な」治療法を試すよう提案するなどのちぐはぐな対応を行うことで、子どもの治療方針が攪乱されるのである。

⑤ 親から引き離した際には消失するサインと症候

子どもの症状が親の作為であれば、当然親の手の届かないところに子どもを保護してしまえば、子どもの症状はたちまち消失することになる。親子分離は、代理ミュンヒハウゼン症候群の確定診断を行うために、とても有用な方法である。

しかし代理ミュンヒハウゼン症候群の母親は、子どもと引き離されることについて異常なまでに抵抗し、場合によっては即座の転院を希望したりする。

入院中の子との面会は親の権利であり、もしMSBPが誤診であった場合、子が必要とする親の愛情を剥奪することになり、子の病状に悪影響となるかもしれないため、医療機関としては、親子分離の決定に際して様々な葛藤が生じる。

そしてこの場合、医療者がいかに「それらしく」親を説得し、納得を得ることができるかということも、この場合の重要なポイントとなってくるだろう。

私の知っている「上手い方法」としては、わが子に付きっきりの親に対し、医療者が「お母さんもだいぶお疲れのようで、顔色が悪いですよ。しばらくお子さんの付き添いにドクター・ストップをかけます。お子さんはわれわれに任せて、1週間ほど休む必要があります」と説き伏せ、実質的に見舞いを禁止したというものがある。

⑥医療スタッフほどに子どもの疾患を心配しておらず、病院内で病気の子どもと四六時中一緒にいて、医療スタッフと異常に密接な関係を築く母親たち

通常、子どもが「血を吐いた」や、「血便が出た」、「呼吸が止まる」などの深刻な症状を呈しているばかりか、その原因がはっきりしないという場合、親はわが子が死ぬのではないかと心配し、有効な治療法を見出すことのできない医師に対して不信感を募らせるようになる。そのため、子どもの症状が出るたびに、「何とかして欲しい」と詰め寄ったり、別の高度な医療機関への紹介を要求するようになるものだ。

しかし、子どもの症状を意図的に作り出している親は、何とかこの医療機関にとどまり、変わらぬケアを受けようとするため、医療スタッフに対して非常に友好的であり、積極的に検査や治療に協力し、原因がわからずに意気消沈する医師を慰めたりもする。

入院が長引くうち、医学用語を使いこなすようになり、医師や看護師との会話は、さながらスタッフミーティングのようになっている。このような関係性に、親は心から満足しているように見えるのだ。

⑦ 家族内で、突然の、原因不明の乳幼児の死亡があったり、重篤な疾患を有しているとされる家族を有している。

患者の兄や姉が幼い頃に死亡しているというエピソードは、この種の症例の定番ともいえる。この意味は、ふたつある。

ひとつ目は、上の子どもが本物の病気で入院していたが、その際の病院での経験が忘れられず、同じ状況を再現したいという動機付けになるケースである。この場合、上の子どもの「真の」病状を目の当たりにしてきた経験から、下の子どもに操作すべき方法を「学習している」可能性もある。

ふたつ目は、上の子どもにも同様の操作を行い、「難病の子ども」という外観を作り出していたという可能性である。このような場合、メードゥ先生の2症例のように、親が結婚前にミュンヒハウゼン症候群あるいは虚偽性障害のエピソードを有していて、その行動がそのまま子どもに転嫁されたものと見ることもできよう。

また、子ども以外の家族に難病患者がいた場合には、その家族に処方されている（た）薬剤を幼い子どもに投与することで、劇的な症状を作り出すことができるかもしれない。例えば高血圧症に処方される降圧剤は急激な血圧低下を、糖尿病患者に処方されるインシュリンは急激な低血糖をもたらし、生命にまでかかわることもある。

⑧親は以前に医学的な経歴を有しており、しばしば児童と同様の病歴を呈する

親自身が何らかの病歴を有していて、その病歴によって病院で居心地のいい思いをしていた場合、その症状を意図的に作り出すことで、自分と同じ病気であると診断させ、入院させようとすることがある。親はその病気に親和性があり、どのような症状や検査結果になるかを熟知しているため、操作がしやすいのだ。

ケイ事件では、メードゥ先生は母親の作為の動機について「自分自身の尿路感染についての不安を子どもに投影することによって、自分の病気と直面することを避けている」と解釈している。この解釈を一読しても、すんなりと理解することは難しいように思えるが、メードゥ先生はそれ以上の解説を行ってくれていない。

そのため、ここではまったくの推測になってしまうが、尿路感染症は性行為感染症（ＳＴＤ）との関連もあり、母親の尿路感染症に起因して夫との性的関係において何らかの葛藤があった可能性が考えられる。そのため、夫との関係において、わが子が自らと同じ病気で苦しめられ

ているという状況を作り出すことで、夫婦間の葛藤から気を逸らせようとしたのかもしれない。

また、成人女性にとって尿路感染症の検査・診察には常に「羞恥」などの心理的な葛藤が伴うものと考えられる。「私だけじゃない。私の大事な子どもも同じように苦しんでいる」と思うことで、自らの治療における抵抗感を和らげようとしたのかもしれない。

ただ、いずれの動機であっても、やはり理解が困難であることは変わりがないかもしれないが。

⑨ 児童の「回復」や退院が近付くにつれて増す、親の不安

子どもが「回復してきた」という状態は、何らかの形で、医療者によって親の作為が阻まれる状況が続いたことで、病気の状態を継続することが困難になったということを意味する。

あるケースでは、子どもの状態があまりにも重篤であったためＩＣＵ管理にしたところ、子どもの病状がみるみる落ち着いてきた。ＩＣＵでは24時間医療者が子どもの状態を監視しているため、加害親とふたりきりになる機会がほとんどなく、症状の作出が物理的に困難だったからだ。しかし、医療者から退院の見込みが告げられるまでに子どもが回復すると、親は何とかして病気の状態を作り出そうとし、退院日が近付くごとに不審な行動が目立つようになってき

たことから、代理ミュンヒハウゼン症候群が確信された。

とりわけ、医療者が親の作為を疑い始めたことを悟った加害親は、「医療者の疑いを払拭するために」、何とかして病気の状態を「自然に」作り出そうと頑張りがちなのだ。

⑩ 苦痛なものであれ、児童の医学的検査を歓迎する

通常の親は、わが子ができるだけ苦しまないように、痛がらないように、「より侵襲性の低い安全な検査・治療」を受けさせたいと考える。検査の危険性についての説明には敏感になり、本当に大丈夫なのか、万が一の時はどうするのかなどについての、より詳しい情報を欲しがる。

しかし、子どもの病状を作り出している親は手放しで、わが子により高度の医学的措置を受けさせたいと望む傾向がある。ある症例では、親が「わが子は不治の病で、世界でも数例の珍しい症例なので、世界中から有名な医学者がやってきて、無料で最先端の検査を受けている」などという事実無根の話を周囲に吹聴していた。

別の症例では、絶えずインターネットでわが子の病気に関連する診療科の情報をチェックしていて、新しい治療法や検査法が導入されたと聞くや、すぐにその病院に電話やメールをし、全国どこの病院であっても検査の予約を行い、わが子を伴ってわざわざ出向いていた。その症状

を自分が作り出していることは十分理解しているはずなのだが、こうした親にとって「あの病院でこんな検査を受けた」「あの病院に○日間入院してこんな治療を受けたのに、ダメだった」などと、新たな担当医や周囲に説明するためのネタが欲しいのだ。

⑪　児童が見た目よりもより重症であるとスタッフに悟らせようと試みる

親が検体を操作するなどして子どもの病気を「偽装」している場合、異常な検査値に反して、子どもが元気に見えるということが起きてくる。そこで親は、子どもに片時も離れないで、医療スタッフの見ていないところで、突然血液を吐いたとか、呼吸が浅かったとか、白目をむいていた、痙攣していたなどと言い張るのである。

また、外来受診した際に医師が「機嫌もよさそうですし、心配はなさそうですよ。お家で様子を見ましょう」などと言うと、「以前、同じことを別の病院で言われて、それを信用して家に帰ったら、意識を失って救急車で運ばれたことが何度もある」「明らかに目つきがいつもと違うんです。これは親にしかわかりません」などと、何とか医療者の「見立て」を修正してもらおうとするのだ。

入院中などは、「高度の配慮が必要な子ども」であるとスタッフに思わせるために、上の子どもが似た症状で亡くなったり長期入院をしていたとか、家族に遺伝性の重い病気を持っている人物がいて心配であるとか、母親が周産期に重い病気にかかっていた、出産時に仮死状態であった、死産の経験があるなどのエピソードを、際限なく語り続ける傾向がある。

▽小児科医学会の診断手引き△

また、わが国では日本小児科医学会こどもの生活環境改善委員会がホームページ上で「子ども虐待診療の手引き 第2版」を掲載しており、その8項目目に「代理によるミュンヒハウゼン症候群」が載っている。

そこで同症候群は、「子どもに病気を作り、かいがいしく面倒をみることにより自らの心の安定をはかる、子どもの虐待における特殊型です。加害者は母親が多く、医師がその子どもに様々な検査や治療が必要であると誤診するような、巧妙な虚偽や症状を捏造します」と説明されている。

子どもの症状としては、「原因不明のけいれん、意識障害、呼吸障害などがあり、薬物による症状を疑った時は、血液・尿などを採取し、検査することが必須です。麻薬、覚醒剤、興奮薬、

様々な病気の作成方法	
出血	ワーファリン、フェノールフタレイン、本人以外の血液（生理血・動物など）故意に子どもに出血させる、血液以外の物質を使う（絵の具、染料、ココアなど）
けいれん	虚言、薬物投与（フェアチアジン、炭化水素化合物、イミプラミン、テオフィリン）絞首による窒息／頸動脈圧迫
抑うつ状態	薬剤（抗精神薬、抗けいれん薬、インスリン、アスピリン、アセトアミノフェン、など）
呼吸困難	手による呼吸器の圧迫、薬物投与、虚言
下剤	フェノルフタレインその他の下剤、塩分の投与
血尿	生理血や動物の血液を混入させる、血液以外の物質を使う（絵の具、染料、ココアなど）
蛋白尿	粉ミルクを混入する
嘔吐	催吐剤の投与、虚言
発熱	虚言、こする
発赤	薬物、ひっかく、腐食剤、絵の具

向精神薬、ベンゾジアゼピン系薬剤、農薬などのスクリーニング試薬が市販され、高度救命救急センターなどで検査が可能です。より詳細な検査は、大学法医学教室や警察の科学捜査研究所などで可能です」とし、これらの不可解な症状を作り出す薬剤や要因として、一覧で示されている。

つまり、このような一覧によって小児科医に注意喚起がなされなければならないほどに、親が子どもを病気にするための手口は似通っているということだ。

▽親の精神疾患なのか？△

ＦＢＩのプロファイルを読んでみて、あなたはこれらの特徴から「親の精神疾患である」と考えただろうか。むしろ、ここで挙げられた11項目の特徴はすべて、「親による子の病気のでっち上げ」という行動に付随するもの、ということで説明が可能なものばかりだったのではないだろうか。

そして日本小児科医学会の診断手引でも、「特殊型の虐待」とされているのであって、親の精神の異常性というよりもむしろ、その手口の巧妙さばかりが際立っているような印象を受けるであろう。

確かに、メードゥ先生が最初に提示した2症例の母親の言動はエキセントリックで理解不能な部分も多く、何らかの精神病理的な原因が介在していると思いたくなる特徴を有してはいた。しかし、実はメードゥ先生自身が、この症候群名を親の精神病理に適用することに強く反対しているのだ。

もちろん、メードゥ先生は小児科医であり、親の精神疾患については専門外ではある。しかし、「子どもに嘘の病状をでっち上げる」という大胆かつチャレンジングな行動を行って、医療機関につながり、以降は医療者に疑惑を持たれないよう細心の注意を払いつつ、わが子の病状をキープさせ続けるという複雑な行動が、果たして「何らかの精神障害に罹患している」ということですべて説明できるのだろうか？　同様の虐待を繰り返す親は世界中で報告されているが、そのやり方は千差万別で、非常に緻密なものもあれば、笑ってしまうほど杜撰なものもある。子どもの身体には一切手をかけることなく、検体のみに細工する親もいれば、有害な物質を子どもの身体に取り込ませ、実際に「病気にしてしまう」親もいる。子どもの皮膚を傷つけて「原因不明の潰瘍」を作り出す親もいれば、血中酸素濃度を低下させる目的で、実際に子どもの鼻と口を塞いで窒息させてしまう親もいる。これらの親がすべて、「同じ病気にかかっている」と評価することは、果たして妥当なのだろうか。

むしろここで重要なのは、親が「どうしてそんなことをするのか」ということであり、その動機が一般に了解可能なものであれば、それらの一連の操作を「親の精神疾患」というカテゴリーに加える必要はないのではないかと、私は考える。

そのため本書を通じて、代理ミュンヒハウゼン症候群は「親の精神疾患名ではない」と強く主張したいと考えているが、すべての読者の理解と納得を得るためにはさらに長い道のりが待っているということを、これまでに嫌というほど味わってきている。

われわれは、理解不能な現象に遭遇すると、すぐに「異常」というレッテルを張り、理解の外に追いやろうとする習性がある。

代理ミュンヒハウゼン症候群のような許し難い現象を「理解する」ということは、その加害者の心情と同一になることができるということだ。これはつまり、彼ら/彼女らのメンタルモデルを、自分のメンタルモデルとして作り直すことができるということである。しかし、「親は自分の子どもを愛する」「親は子どものためなら命を投げうっても構わないと考える」という常識が沁みついているメンタルモデルに、こうした異常な行動をする親のメンタルモデルを重ねることには、どうしても抵抗があるのだろう。

しかしそれならなぜ、私たちは、「親がわが子のしつけのためと称してひどい折檻を行い、結果として死なせてしまった」や、「親が子どもに十分な食事を与えずに放置して餓死させた」、「親がパチンコ屋の駐車場に停めた自家用車内にわが子を置き去りにし、熱中症で死なせてしまった」などのニュースに触れた時、これを「親の精神疾患」として切り捨てようとはしないのだろうか。これらの親は愚かで、親になる資格がないと評価されるかもしれないが、多くの場合、親の「落ち度」、「無思慮」など、親としての責任を問う方向で評価されることになるのではないだろうか。

このことは、「子どもを病気に仕立て上げる」虐待においても、まったく同じことであると思われる。いや、むしろこの場合、「落ち度」や「無思慮」などの軽々しい言葉で言い表すことは不適切でさえあり、「冷静に、計画的に、慎重に」子どもを傷つけている分、より悪質な虐待であると言わなければならないのではないだろうか。

次章では、国内外で報告された代理ミュンヒハウゼン症候群の実例を見ていくことで、同症候群についての読者の「理解」を、さらに進めていきたいと思う。

映画・テレビの中の代理ミュンヒハウゼン症候群②

『ヴォイス 命なき者の声』のMSBP

これは2009年2月に放送されたフジテレビの人気ドラマの第6話だ。実は、私はこのドラマを観ていなかった。2009年当時、私は法医学教室で働いており、いわゆる「法医学モノ」は敬遠していた。このドラマに限らず、法医学を扱ったドラマなどを見れば、「いや、それはない!」などとツッコミがつい出てしまうため、話が頭に入ってこないからだ。なお、この話を仲のいい刑事さんにしたら、彼も同じ理由で刑事ドラマが苦手だと同意してくれた。ただし、彼の携帯電話の着メロは『太陽にほえろ』のテーマソングだったが。

もとい、このドラマの影響力は甚大だったようで、このドラマで「ミュンヒハウゼン症候群」「代理ミュンヒハウゼン症候群」を知ったという声をそれまでに何度も聞いていた。だから、気にはなっていたのだ。

そういうわけで、私はこの本を書くにあたって、『ヴォイス』の第6話が収録されているDVDをレンタルして視聴することにした。

＊

法医学教室のゼミ生のひとりの父親が経営する病院から、ミュンヒハウゼン症候群が疑われる入院患者がいるということで、教室主任教授に意見書の作成が依頼された。

教室ミーティングが開かれ、教室員が、ゼミ生にわかるようにミュンヒハウゼン症候群を説明する。「他人の関心や同情を得るために、偽の症状や病歴を作って治療を求め、通院や入退院を繰り返す症状のことです」

この説明を受け取った主任教授は、「昔と違って、人間関係やコミュニケーションの取り方が変わってきているからじゃないかな」と推測する。

教室員B「核家族化も進んでいるし、近所づきあいも減ってきています」
主任教授「それで、誰にも悩みを打ち明けられず、誤った方法でしか他人の関心を集められない人が増えているのかもしれないね。だから、ミュンヒハウゼン症候群っていうのは、人の寂しさが生み出した現代ならではの症例と言えるんじゃないかな」

今回ミュンヒハウゼン症候群が疑われている患者は14歳の女子中学生で、数日前、兄に付き添われ救急車で搬送されてきた。偽膜性大腸炎と診断され入院しているが、血液検査では特に異常が見られないという。さらに、少女は半年前から大腸炎にかかり度々通院しているが、処方された薬を飲んでいるはずなのに、症状が悪化しているという。法医学教室で少女の血液のデータ解析をしたところ、偽膜性大腸炎を発症させることができるというペニシリンが検出された。とはいえ、まだ中学生である少女がペニシリンを入手できるはずはない。誰かが、故意に飲ませているのではないか——。

教室ミーティング。主任教授は、「患者の年齢は14歳だし、過去にペニシリンを必要とする病気にかかったこともない。だから患者がペニシリンを自分で入手していたとは、常識的には考えにくい」と指摘する。
ゼミ生「じゃあ、他に飲ませていた人間がいるんですか?」
主任教授「そう、代理によるミュンヒハウゼン症候群の疑いがある」
教室員A「代理とは身代わり、つまり、自分以外の身近な人をわざと傷つけて、治療や看護する姿を周囲に見せつけ、同情や関心を集める症状のことよ」
ゼミ生「それって、形を変えた虐待じゃないですか？」
教室員Ａ「だからこそ、早期に発見し、正しい措置を取らなくては、患者の命を脅かす危険性があるの」
教室員Ｂ「過去の事例では、母親が子どもに対して行っている事例が多いですよね」
教室員Ａ「患者には両親がいないの。肉親は、22歳の兄だけ」

この兄妹は、妹がまだ幼い頃に、事故で両親を失くしていたのだった。そしてこの22歳の兄が薬科大学の学生で、その大学からペニシリンが盗み出されていたことがわかる。果たして、少女にペニシリンを密かに投与し、偽膜性大腸炎を作り出していたのは、このたったひとりの肉親である兄だった。

兄は幼い妹の世話をし、必死で育ててきた。まだ妹が小学生の頃には、周囲も兄妹を気にかけてくれていた。しかし妹が中学生に上がる頃には、そういう声もだんだん減ってきた。日々の大変さはまったく変わらなかったのに、むしろ大学に入って、ますます忙しくなったのに、周りはまったくその大変さに気付いてくれなくなった。

そして半年前、たまたま妹が腹痛に襲われ、兄が病院に連れて行った時、看護師さんが「あなたは頑張っている」とねぎらってくれ、「偉かったのね」と背中を優しくさすってくれた。その時、これまでずっと気を張って生きていた兄の緊張の糸がほぐれ、涙があふれて止まらなかった。

それ以降、妹は断続的に激しい腹痛に襲われるようになったのだ。そして妹は、いつも兄の休みの日に腹痛が起きることに気付くようになった。兄はいつも病院で、かいがいしく妹の看病をすることができていたのだ。病気は兄が作り出していると気付いても、兄が満足しているのなら、妹はそれでもよかった。これまで生きてこられたのは、兄のお陰なのだから――。

　法医学教室は児童相談所に通告し、兄弟は離されることになった。

＊

　ペニシリンを投与すると、妹が必ず薬剤性急性出血性腸炎、それも偽膜性大腸炎になるということは、ペニシリンアレルギーがあったのだろうか。そうだとすれば、アナフィラキシーショックを起こして命にかかわる恐れもあるわけだが、薬学を学んでいる身でありながら、こんな危険な選択をするだろうか。また、入院が必要なほどの症状ということは、腸からの出血が止まらない、下痢が止まらずに脱水が強いなど、相当激しい症状があったものと思われるため、こんな苦しい、恐ろしい思いをさせられて、本当に本人は「それでもよかった」なんて簡単に言えるのだろうか――。

　などと、やはり「法医学モノ」にはつい余計なツッコミを入れてしまいたくなるのが、悪い癖である。

　それにしても、ミュンヒハウゼン症候群を、人との関係性が希薄になった「現代ならではの症例」としている点は、なかなか画期的である。もちろん、最初に症例報告がなされた1950年代から現代にかけて、どんどん報告例が増加しているというエビデンスは存在しないが、「人の寂しさ」が医療者の温かさに吸い寄せられていくという描写は、なかなか的を射ている。また、「大学生の兄が、中学生の妹に」というチョイスも斬新だ。

　ただやはり、妹が入院した際に看護師さんから「頑張ってるね」と言われたのがうれしかったからといって、大事な妹にここまでするものなのか。兄は大学で（恐らく）薬剤師を目指しているのだから、病院の薬剤部に就職してバリバリ働けば、看護師をはじめとする医療スタッフといくらでも仲良くできるのではないか。職場で手作りのお弁当でも広げれば、「結婚してるの？」なんて聞かれるだろうから、すかさず「自分で作ったんです。妹にも毎日作ってるんですよ」なんて照れながら言ったら、きっと周囲は「すごい！　頑張ってる！」と、思い切りねぎらってくれるのではないだろうか。

そこで多くの視聴者は、「この信じ難いほどの発想の飛躍こそが、『代理ミュンヒハウゼン症候群』という病気なんだ」という印象を持つことになったかもしれない。そして実際にドラマでは、兄が「療養のため」、妹を残し東京から離れるという設定となっていた。

人気ドラマ、人気俳優陣であるため、この内容の是非についてこれ以上コメントすることは控えることとする。もちろん、ミュンヒハウゼン症候群、ＭＳＢＰの存在を日本中に広めていただいたことは、大変有難いことである。

ただし少なくとも、ＭＳＢＰ加害者を、「代理ミュンヒハウゼン症候群という、現代の心の病を持つ人」という強い印象を多くの視聴者に与えてしまったことは、間違いなかったものと思われる。

第3章

代理ミュンヒハウゼン症候群の実例

Münchhausen Syndrome by Proxy

▽日本での症例報告△

本章からは、代理ミュンヒハウゼン症候群を、MSBPと呼ぶことにする。

【ケース1】下痢と嘔吐を繰り返す6歳男児(7)

T総合病院に、胃腸炎による9回の入院歴を含め14回の他院入院歴のある6歳男児が、嘔吐・下痢を主訴に受診してきた。入院治療によって軽快したが、再度同様の症状で入院し、2度目の退院から10日目に、嘔気、嘔吐、水様便のため、3回目の入院となった。いずれの入院時も、母親のみの付き添いであった。

3回目の入院ともなると、繰り返す嘔吐・下痢についての原因の検索が必要であると担当医は考え、詳細な検査を実施したものの、軽度の脱水徴候があるのみで、結局原因は不明のままであった。しかも不可解なことに、輸液、食事療法にもかかわらず、下痢は改善することなく、むしろ輸液量に比例して便量は増加した。

入院3カ月頃には血性の嘔吐が出現し、4カ月目には高熱が出現した。血液培養を行うと腸球菌が検出され、やがて患児はカンジダ敗血症(8)を発症した。日内変動の大きい高熱は約6カ月間も続き、一時、人工呼吸管理を行うほどに重篤化した。

人工呼吸器が外された直後、絶食中にもかかわらず、白色の沈殿が胃液中に認められたことから、担当医は何らかの薬剤の投与を疑うようになった。

その後、たまたま監視カメラの映像で母親が何かを患児の口に押し込むところが確認され、吐物より下剤の投与が疑われた。そこで、保存されていた患児の血清を調べると、下剤に含まれる成分であるセンノシドの濃度上昇が確認されたため、MSBPと判断した。

その後、患児の小学校入学を理由に母子を分離したところ、すべての症状が劇的に改善したため、母親との面会を禁止した。そうしたところ、患児は安心したのか、担当医に対し、4、5歳の頃から、母親に通常の10倍以上の量の下剤を服用させられていたこと、母親が使用済みの注射器で唾液や便を静脈ラインから投与していたことを打ち明けてくれた。

その後も患児はカンジダに対する真菌性抗生物質であるファンギゾンの投与を長期間大量に必要とし、そのための腎尿細管障害を併発し、また巨大脾腫[9]による脾機能亢進症状のため、脾臓摘出が必要となった。さらに大量の輸血のためと思われる二次性のヘモジデローシス[10]も認められ、治癒まで約3年間の入院生活を余儀なくされた。

母親は患児の入院初期より一見よき母親を演じており、最もらしい理由で患児に張り付き、ケアを自分以外にさせようとしなかった。また、母親には奇異な言動が認められたものの、病気の子どもを持つ親としての理解の範疇を超えたものではなかったこと、患児が母親をかばい、母親に合わせて嘘をついていたため、医療者において確信が持てず、いたずらに時間が過ぎてしまい、患児の病状がどんどん重篤化してしまったのだ。

患児の退院後は、患児の精神的問題の長期フォローアップという理由で自宅近くの精神科に母子で受診させるように手配を行った。

*

子どもが母親の操作について医師に明確に伝えることができたという点で、非常に珍しいケースであると言える。母親から与えられる薬剤を飲むと必ず激しい胃腸症状が出るため、男児は辟易していたものと思われる。そして入院するや、母親が密かに点滴を汚染する操作を行っているところをつぶさに見ていて、その後恐ろしい症状に苦しめられるということを、何としても医療者に伝えなければならないと考えていたのだろう。恐らく母親は、患児に対してこうした操作を行うことについて、厳格に口止めし、患児を十分に脅していたであろうと思われる。

しかし、敗血症という生命にもかかわるような病気になってしまったことから、患児は長期間の治療を余儀なくされてしまうことになった。血液中にカンジダが入り込むことによってカンジダ血症となり、それが血流に乗り、重篤な全身性の反応が誘発された状態がカンジダ敗血症である。その典型的な症状としては、発熱、筋力低下、心拍数の上昇、呼吸数の増加、白血球の増加などがあり、これらの反応が、腎臓、心臓、肺などの多くの内臓にも影響を与え、機能が低下し始める。敗血症によって危険なレベルの低血圧（ショック）が起こってしまう「敗血症性ショック」を起こし、内臓に十分な血液が供給されなくなって内臓が機能不全に陥り、死亡することもある。

ありもしない病状を訴えて子どもを入院させ、点滴ルートが確保されるや、唾液や便などの汚物を混入する方法でのＭＳＢＰは世界中で報告されている。この場合、患児は正真正銘の「本物の重篤な病気」となるため、医療介入は「待ったなし」の状態とならざるを得ない。医療者には、まさかこのような命にかかわるほどの重大な病気の原因が親の作為によるものとは、どうしても信じられないのだ。そのため、「何度も繰り返す不可解な敗血症」の原因を検索するために、カンファレンスが繰り返され、様々な検査や治療が模索され、数えきれない仮説が浮かんでは消える泥沼状態になってしまうのである。

しかし、目の前のわが子が高熱に苦しみ、顔はパンパンにむくみ、時には大量の輸血まで要するほどの状態になっているのを、このような母親はどんな顔をしてベッドサイドで、ＩＣＵのガラス越しに眺めているのだろうか。「どうか死なないで、でも、よくならないで」などと願っているとしたら、本当に恐ろしいことだ。

【ケース2】発熱と嘔吐を繰り返す3歳女児(11)

本件は、国立成育医療センターこころの診療部の小児精神科医から報告されたものであるが、症例が特定されないよう、報告者によって事実関係が改変されている。

患児は、乳児期に発熱と嘔吐を繰り返して何度も入院してきている。病院ではその都度、MRI、髄液検査などを含めた多くの検査が繰り返された。その後、患児が1歳を過ぎてからは発熱・嘔吐の訴えに加えて、多尿の訴えが出現した。もちろん、すべての原因が不明であり、さらに多くの検査が繰り返されることとなった。

多尿の訴えについては当初、尿浸透圧が低くなかったため経過観察としていたが、母親にそのことを説明したところ、徐々に浸透圧の問題が出現するようになり、部分尿崩症(12)と診断され、中枢性尿崩症の治療薬であるDDVAP(デスモプレシン)が処方されるようになった。するとしばらくして、低ナトリウム血症を伴うけいれんの訴えが出現するようになり、入退院が繰り返された。

また、その頃から母親は他の病院にもけいれんを主訴に受診するようになり、そこでは中枢神経に作用し、神経細胞の興奮を抑えてけいれん症状を改善するジアゼパム座薬を処方してもらえること、その座薬を使うと眠気が強くなることなどを、学習していった。

患児が3歳を過ぎた頃には、視床下部の不安定さを示すような症状が続いていたため、主治医は視床下部症候群(13)を疑い、母親に対し、視床下部は体温や水分調節の機能の他に、食欲中枢でもあり、行動の問題を伴うこともあること、最悪の場合には死に至る危険があることなどを丁寧に説明した。

その3カ月後くらいから、患児には過食および傾眠傾向の訴えが加わり、さらに感覚過敏により靴を履くのを嫌がるなどの訴えが加わった。行動の問題が出現したため、子どものメンタルヘルス問題に対応する同院こころの診療部の受診となった。主治医は患児だけの面接を行いたいと考えたものの、母親が、自分がそばにいないと患児が不安定になるとの理由で抵抗し、母子別々の面接は結局実施することができなかった。

この頃には、症状の多彩さ、入院中も母親が離れないことなどから、主治医によってMSBPの可能性も考慮され始めており、入院中に処方されていなかったジアゼパムの血中濃度が高いことが判明したことから、さらにその疑いは濃厚になった。この事実を母親に直面化したところ、外泊中に父親が間違って姉用のジアゼパム座薬を入れてしまったとの説明がされたが、血中濃度から考えると、外泊後の入院中の投与である可能性が高かった。そこで母親に、「その説明の通りであると、自宅で投与後のジアゼパムの血中濃度は、中毒量でなければならない」と説明したところ、「中毒量だとどういう症状になるのですか?」と聞き返される始末であり、医療者から病気に関する知識を得ようとしている様子がうかがえた。

そこで、患児と母親との分離を試みるためにICUへの転棟を勧めたところ、母親は頑強にこれを拒否した。医療チームでは対策カンファレンスを何度も行い、結局は児童相談所に通告し、他の病院に一時保護委託をするという方針に決定した。家族には転院先の病院は伏せられたが、母親は作為の事実をまったく認めようとはせず、最後まで激しい抵抗を見せた。父親は当初こそ児童相談所の説明を受け入れようとする姿勢もみせたが、徐々に母親の言葉を信じるようになり、児童相談所に抗議してくるようになった。

また、その後の児童相談所の調査により、母親の親戚に脳腫瘍による尿崩症の子どもがいて、DDAVPで治療されていることがわかった。

＊

本例では、これ以上の症例に関する事実関係が明らかでなかったことから、以下は私の推測でしかないことをお断りする。

この母親は、親戚の子どもが「脳腫瘍による尿崩症」に罹患しており、そうした症状を持つ子とその親に対する周囲の温かな配慮などを目にすることで、「子どもが難病であれば得をする」ということを学習してしまった可能性がある。そこでの「得」とは、周囲の同情であるかもしれないし、常に子どもに付きっきりでいることが許され、仕事や家事を免除されることかもしれないが、それはわからない。単に、親戚の子どもを見舞った際の病院の雰囲気や医療スタッフの対応が気に入ったのかもしれない。また、患児が1歳未満の時期の発熱・嘔吐は実際に起きたものであったかもしれず、その際に受けた医療者のケアに居心地のよさを感じ、執着するようになったという可能性もある。

いずれにしても、医師から情報を引き出すと、その通りの状況を作り出す操作を行っており、この手の親と医療スタッフが親密になることで、多くの情報が得られ、そのたびに症状が追加されるという事態が想定されることから、医療スタッフがいち早くMSBPの可能性を意識し、こうした親から一定の距離を保つことが重要である。

また、本件では子どもが児童相談所の保護下に置かれるような事態になってもなお、母親の頑強な否認を容易に信用してしまった父親が、患児・医療者・児童相談所と母親との対立関係に加担するようになっている。こうした母親は、「子どもが病気である」ということによって夫婦関係の葛藤を解消することが多く、「子どもによく尽くす、いい母親」としての評価を夫から得ることに成功しているために、夫を容易に取り込んでしまいがちである。また、このような家族関係の中で、夫は子育てにノータッチであることが非常に多いため、母親としての妻のピンチを何とか救おうとすることで、子育てを妻任せにしていた後ろめたさを帳消しにしようとするかもしれない。こうした場合には、妻が「こうなってしまった、もともとの原因はあなた（とその両親）にある。立場を失いたくなかったら、私の嘘に加担しなさい」と、無言の圧力をかけることさえあるかもしれない。

【ケース3】急性小脳失調の症状を呈した1歳6カ月女児[14]

本件患児は嘔吐、下痢症と顔面の湿疹で近医に入院し、輸液で軽快していた頃に、ベッドより転落するエピソードがあった。そして、その翌日には全身強直間代性けいれんを起こし、傾眠傾向と躯幹失調[15]が認められたため、急性小脳失調[16]と診断され、副腎皮質ホルモン薬であるプレドニゾロンが投与された。けいれんに対してはてんかんが疑われ、抗けいれん薬であるフェノバルビタールが投与された。これらの治療によって症状は軽快傾向にあったが、約1週間後に再び失調症状と傾眠傾向が出現したため、K大学病院に転院してきた。

K大学病院での検査では、JCS30（呼びかけで開眼せず）、脳神経症状、錐体路徴候は認められなかったが、筋緊張の低下、深部腱反射の減弱が認められ、顔面と四肢に0・5~1cm大の紅斑を伴う円形の膨疹が認められた。翌日には患児の意識は清明となり、ベッド柵につかまって立ち上がったりしていたものの、躯幹失調と注視時眼振、企図振戦（動作時に震えが起きる）、ジスメトリー（運動が目的の場所で止まらない）などの小脳失調症状が認められた。血液検査の所見からは、低ナトリウム血症と軽度肝機能障害が示唆された。また、脳血流SPECT検査で小脳血流の低下が認められたことから、急性小脳失調の症状に矛盾しないと考えられた。

そして傾眠傾向は翌日には改善し、小脳失調症状も徐々に改善してきたことから、同児は1週間後に軽快退院となった。

しかし、1カ月後に再び意識障害・失調を認めたとして、K大学病院に救急車にて搬入された。JCS30、その他の神経学的異常所見は認められず、血液検査では低ナトリウム血症を認めたが、その他の所見は正常、尿中電解質にも異常はなかった。頭部CT、MRIは正常で、翌朝にはJCS10（普通の呼びかけで容易に開眼）まで改善したが、躯幹失調が強く座位保持は不能であった。ただし、前回と異なりその他の小脳失調症状は認められず、傾眠傾向は約5日間も続いた。低ナトリウム血症は、維持輸液ですぐに改善した。

この頃から、母親より患児が眼球を正中に固定させるという訴えが頻繁にあった。発作の目撃者はなく、発作間欠時の脳波異常はなかったが、部分発作を考えて抗てんかん薬であるカルマゼピンを少量スタートし、フェノバルビタールと併用した。治療開始後1週間で意識障害と失調が再度出現し、この時のカルマゼピン血中濃度が中毒域を示していたため、直ちに中止した。翌日には改善したが、1週間後に再び意識障害と失調が出現した。反復性小脳失調の鑑別疾患[17]として周期性失調症も考慮し、特効薬とされる炭酸脱水酵素阻害薬のアセタゾラミドを処方したが、翌日さらに悪化したため中止した。なお、この時の血液検査で、中止したはずのカルマゼピンの血中濃度が再び中毒域を呈していた。カルバマゼピンの副作用としては、眠気、めまい、ふらつき、けん怠・易疲労感、運動失調（運動の調子が狂った状態）、脱力感、発疹、頭痛・頭重、立ちくらみ、血管炎、蕁麻疹などが報告されている。

母親に管理させていた薬を回収し、薬剤部に処方量を確認したが、誤りはなかった。ただし患児の症状からは、間違いなく、母親が何らかの形で子どもにカルマゼピンを多量に投与していた可能性が強く疑われた。母親に対し、自らがカルマゼピンを処方されてないか、誤って子どもに服用させていないかを質問したが、母親はいずれも否定した。

1週間後、再び同症状が出現し、再度血中カルマゼピン濃度を測定したところ、前回より高濃度で検出された。そこで母親の投薬歴を調べたところ、K大学病院に2回目の入院をする1週間前より、三叉神経痛のため前医耳鼻科でカルマゼピンの処方を受けていたこと、K大学病院でも耳鼻科で処方を受けていたことが判明したため、耳鼻科医師に事情を話して、今後母親にカルマゼピンを処方しないように伝えた。また、入院中に輸液以外に水分を2ℓも与えていることもわかり、低ナトリウム血症は、水中毒[18]によるものと考えられた。

そこで、入院中に虐待防止ネットワークに連絡し、児童相談所、保健師らと話し合いを持ち、地域での見守りを行うことになった。また、近所の保育園通園を積極的に進め、短期間通園していたものの、経済的理由のために継続できていない。

母親の作為の動機を特定することは困難であったが、子の入院中に母親が、「うちの子は、難しい病気なんでしょう?」と、医療スタッフに繰り返し問いかけたり、市役所に難治性疾患で児童扶養手当がもらえないか問い合わせていることもわかった。また、母親には非行歴があり、未婚で本児を生み、定職にもつかず祖父母宅に同居するため転居してきたことなども判明した。

入院中の親子関係を観察すると、患児は母親よりも看護師や主治医によくなつくなど、母親の子への接し方にも問題があると考えられた。また同室患者の父母に、母親が患児を叩いたり、厳しく叱責されているところを目撃されている。しかし医療スタッフとは表面的には良好な関係を保ち、退院後外来にも約束通り受診している。

＊

本件は、K大学病院への1回目の入院時には明らかな小脳症状と脳血流SPECTで小脳血流低下が認められたことから、患児には真の基礎疾患（急性小脳失調症）が存在しているものと考えられている。そして、2回目の入院以降、母親からカルバマゼピンを何度か投与されたことで、基礎疾患が増悪したものと評価された。

医療者が母親の作為に気付くきっかけは、母親による病状の訴えによって医師がカルバマゼピンを少量追加投薬したことによって、結果的にカルマゼピン血中濃度が中毒域に達したことであった。

急性小脳失調症は、患児の年齢に好発する疾患であり、独歩を獲得した幼児が突如立とうとしなくなったり、「よく転ぶ」「歩き方がおかしい」などで発覚することが多い。多くの場合、経過観察のみで比較的早期に軽快する軽度のものであり、心配する親に対しては、予後良好であり、あまり心配することはないと告げられることが多いものと思われる。

心配性の親が、そうした主治医の説明に納得できず、もっと徹底的に検査をして異常がないことを確認して欲しいと考えたとしても不思議ではないものの、本児の母親のように、症状を大げさに訴えることで投薬を促すことは、患児の健康を損なう可能性が高く、明らかにやりすぎである。

また、患児は母親との間に愛着の問題を有していることがうかがえ、さらに医療者の目の届かないところでの母親の患児に対する対応から、MSBP以外にも、心理的・身体的虐待の問題が存在することが示唆されている。恐らく、母親は「子どもが病気でいること」によって安定を図っているのであり、子どもが病者らしからぬ振る舞いをする時、激しく叱責していたのではなかろうか。このように、幼い頃から親に強制的に病者のふりをさせられていることに慣れると、子どもは、成長に伴い、親の機嫌を取るために、自らが積極的に病者の役割を取るようになり得る。そしてこのように考えると、MSBPは他のタイプの虐待と同様に、世代間連鎖する可能性があるということが示唆されよう。

なお、本件の担当医は、母親が役所に難治性疾患による児童扶養手当を申請しようとしていたことから、「子どもの入院によって経済的なメリットがあると母親が考えた可能性がある」とコメントしている。この点については、MSBPを児童虐待の一類型ではなく親の診断名だと考えた場合、親の動機が重要な要素になってくる。つまり、ミュンヒハウゼン症候群と同様に、MSBPと診断されるためには、親が子どもを「病気にする」動機として、「明らかな外的報酬がないこと」が条件となってくるのだ。たしかに、親が子どもに疾病特約や入院特約付きの高額の生命保険をかけている場合のように、子どもの病気によって高収入が得られるとなれば、経済的に困窮している親の場合、その状態に目を付けることもあるだろうし、実際にそうした事件は国内外で多数報告されている。言うまでもなく、それは保険金詐欺（犯罪）にほかならず、何らかの医学的診断名で評価するような価値を持っているようには思われないかもしれない。

しかし、被害者である子どもの立場に立ってみると、親の意図がどうであれ、実際は健康であるのに周到に病気の状態にされ、不愉快な症状に苦しめられるだけでなく、本来は不必要な苦痛を伴う検査や治療にさらされ続けるのである。こうした状態を、本来であれば自分を守ってくれるはずの親に作り出されていることに対して、親の動機に応じてその呼び名や扱い方を変えることには、どれだけのメリットがあるのだろうか。恐らく、子どもにとっては親の作為がどのような名前で呼ばれようと呼ばれまいと、「早く周囲の大人に気付いて、助けて欲しい」

という思いで一貫しているはずだ。
この点は非常に重要なポイントであるため、次章でじっくりと検討したい。

【ケース4】多彩な胃腸症状と発熱症状を繰り返す14歳男児[19]

患児は14歳の男子中学生で、父親は患児が8歳の時に心疾患で死亡したため、家族は42歳の母親と2歳8カ月の妹との3人である。患児は生後10カ月時と2歳時に腸重積[20]に罹患しており、2歳ごろから発汗過多、発熱、熱性けいれん、脱肛の検査のためにA医大病院を受診したが、軽度の低音性難聴の他は異常を指摘されなかった。

9歳の時、発汗過多、下痢、脱肛、低身長、低体重のために精密検査を受けたが、特に異常は指摘されなかった。10歳の時には、下肢のしびれと疼痛を主訴にB医大病院に入院した。この時も低音性難聴以外には異常は認められず、精神的なものと言われた。

その後も患児は、下痢、下肢痛、脱肛、発熱の訴えにより、年に5~6回、数カ所の病院を受診していた。このために患児は小学校の出席率が極めて悪く、2~3週ごとに数日間欠席するという状態が続いていた。

患児が11歳の4月、一家は家賃が支払えず家を追い出され、家族で同県内の温泉ホテルの寮に移ったことに伴い、患児はK小学校に転校した。翌年2月、脱力感を主訴としてH総合病院整形外科に入院したが、異状なしと言われた。なおこの時、母親も腰を打って同じ病院の同じ科に入院し、2月中旬に親子そろって退院した。

ところが2月下旬になって、患児は再び四肢のしびれ、全身の疼痛、脱力感および呼吸困難を訴え、トイレにも立てなくなり、B医大関連病院に入院した。しかしこの時も、とくに異常は指摘されなかった。

そして同年3月下旬になると、発熱、下痢、脱肛、四肢筋肉痛の検査を希望して、当該病院に入院することとなった。

入院時のデータは、身長150・7㎝、体重38・0㎏、意識清明で下痢、脱肛、四肢筋肉痛はなく、身体的検査および神経学的検査でも異常は認められず、臨床検査でも慢性感染症、内分泌疾患、神経筋疾患、自己免疫性疾患などの器質的疾患を疑わせる所見は認められなかった。消化管造影、頭部CTスキャンおよび脳波検査でも異常はなかった。四肢X線検査で右側大腿骨骨端部に軽度の肥厚が認められたが、骨の異常を調べるシンチ検査では正常であった。聴力低下が認められたが、器質的なものではなく、聴性脳幹反応も正常であった。

入院後、患児に発熱、下痢、脱肛はまったく認められず、四肢の筋肉痛やしびれ、脱力感の訴えもなかった。入院数日後から、患児は非常に多弁になり、表情も明るくなって同室児とふざけてよく遊ぶようになったが、母親が面会にくると表情や話し方が急におどおどし、非常におとなしくなった。心理検査では知能に問題はなく、重大な精神障害や詐病の場合に見られる所見はないという結果が得られた。

他方で母親には虚言が多く見られた。例えば、「鹿沼に3千万円の土地があって経済的に不自由したことはない」などと言うが、実際には生活保護申請中であったし、「国立大学中退、短期大学卒業、職業は栄養士」と語っているが、実際には高卒で、ホテルや会社の寮の賄い婦をしている、などである。また、患児が学校でいじめられたために転校したなどと周囲に説明していたが、実際には家庭の事情によるものであったし、患児の中学校には患児の病気が指定難病である筋ジストロフィーであるなどと伝えていたが、当然事実無根である。

また母親は、常時四肢の痛みを訴えており、手先がしびれて物を落とすことが多いなどと訴える半面、精神的訴えがまったくないこと、神経質で自己防衛的、自己顕示的なことなどから、演技性パーソナリティ障害であると診断された。

母親は夫の死後、妻子ある男性と同棲して患児の妹を出産し別れ、以降は転々と住居と職を変え、母親の兄弟とはまったく付き合いのない状況で、金銭的に困窮していた。

そのため患児の担当医らの見立てでは、母親におけるこれらの危機感を、子どもと自分の身体的な問題に転換することによって、周囲から「病気持ちの気の毒な親子」というイメージを持たれようとしているのではないかと考えられた。

母子関係では、患児は母親の命令には決して逆らわず、妹の世話や母の手伝いをよく行い、母親と常に密着した状態にあり、一方母親も子どもたちを決して怒らず、溺愛している様子であった。

患児の症状は母親の主訴そのものであること、母親から離れて入院するたびに症状が軽快し、退院後には悪化していることから、患児が母親に協力して症状を訴える傾向にあったとみられ、さらに医師によって母子双方の病気が否定されるたびに転院を繰り返していることなどから、母子が密着した共生関係にある代理ミュンヒハウゼン症候群であると診断された。

本児の乳幼児期にはこうした症状の訴えはなかったようであるが、これは同時期に父親（夫）が心疾患でB医大に入院していたため、母親は自己の心的葛藤や内的な危機感の対象ないしは け口として父親（夫）の病気を選択することができており、患児を病人にする必要がなかったのであろうと評価されている。しかし、その後父親（夫）が死亡したことで、母親は夫の代わりに患児に依存し、母子の密着共生関係が形成されたため、患児は演技性パーソナリティ障害である母親の影響を強く受けてしまった。そのため、母親と同様の四肢痛が発現し、その後母親にとって困難な状況が増強するにつれて、患児の症状も増悪していったのであろうと推察された。

＊

14歳の男児は、通常であれば思春期の只中にあり、第二次性徴の始まりとともに異性である親に対する違和感を強く持ち、距離を置こうとするものである。しかしこの母親は、まるでわが子を自分の中に取り込み、子どもの心身を乗っ取ってしまったかのようである。

「感応性妄想性障害」という、WHOの疾病分類であるICD－10に分類されている、精神疾患類似の概念がある。これは、妄想性の精神疾患を持つ人物と強く気持ちがつながっている人物またはグループによって、その人の妄想性障害が共有された状態を指す。社会的に孤立した家庭内で統合失調症の家族を排他的に世話している人物に、患者が持つものと同じ妄想が出現し、その妄想を共有することでさらに絆を強めていくのである。そして、本物の患者と影響を受けた人物（グループ）を分離すると、より健康な人の方から症状が消えていくことが知られている。

本例でも、極度の母子密着により、母親の転換性障害、すなわち、葛藤やストレスといった心理的要因が身体症状として身体の領域に転換されている状態が、密着関係にある子どもに共有されてしまったと見ることができよう。そして言うまでもなく、この状態は患児の意図したところではなく、あくまでも母親の状態に感応し、いわば身体症状が操られているような状態であるのだ。

この母親は、「あるべき理想の自分」というファンタジーの中に生きているようでもあり、そのファンタジーを維持できなくなると、病気の世界に逃げ込んでいたのではないかと思われる。病気の人に対して、周囲は優しく接するしかないからだ。そしてこの母親は、苦しんでいる人に追い打ちをかけるような人物をうまく避けながら生きてきたのかもしれない。そうして自分と子どもたちの身を守りながら、いざという時に母親が安住の地、避難場所として選ぶのが、病院という清潔で安全な空間なのではなかろうか。

▽ 海外の症例：MSBP被害者からの勇気ある報告 △

これまでは、わが国でMSBP症例として報告されている事例を見てきた。また、前章では、MSBP提唱者であるメードゥ医師の症例報告を詳細に紹介した。

そこでこれからは、海外の症例として、非常に稀有で貴重な、MSBP虐待を生き延び、自らが受けた被害を広く発信しているジュリー・グレゴリーさんの事例を紹介したいと思う。彼女の勇気ある告発は、340頁以上にわたる著書『Sickened［シックンド］：母に病気にされ続けたジュリー』（竹書房文庫、2004年）に詳細かつ生々しく記録されている。この著書でジュリーさんは、同書発刊当時の顔写真だけでなく、病気にされていた当時の母や家族との写真とあわせ、当時の医療記録や病院の請求書などの写真も掲載しており、この膨大で途方もない物語が真実であることを生々しく伝えている。MSBPという蟻地獄のような虐待の実態を知るために、是非読者各位には『Sickened』を読んでいただきたいため、ここではごく簡単に、しかし極めて事案が複雑なためどうしても長文にはなってしまうが、その内容を紹介したい。

＊

母親がジュリーを妊娠中、重度の妊娠中毒症になり、ジュリーは未熟児として仮死状態で出生した。そして幼少期から、母親はジュリーが重い心臓病にかかっているという妄想に取りつかれてしまい、ジュリーは母親のでっち上げたありとあらゆる症状を抱え、常に病院に通うようになった。病院では、原因を検索するための検査を受け続け、異状なしと診断されるたびに病院を変えた。

ジュリーは自分の体調が悪いことに気付かなかったが、常に母親が「顔色が悪い」「不整脈だ」「頻脈だ」「ひどい頭痛になっている」などと気付き、そのたびに病院に連れて行かれるのだ。そして母親の運転で病院に向かう車内で、いつも母親から「あんたのどこがおかしいのかを突き止めたいんだから、正常だという顔をしてぶち壊さないで。どんなに具合が悪いかちゃんとわかるようにして」、「母親はあたし。あたしには何がどうなってるのかわかってる。だから、先生に何か質問されたら、何も言わずにママに答えさせるのよ」などと言い含められていた。

また母親は、ジュリーが物心つく前から「棒付きのキャンディ」として、日常的にジュリーにマッチをしゃぶらせていた。そのせいで、ジュリーはマッチが美味しいお菓子だと思い込んでいて、母親がマッチを取り出すと、自然とよだれが湧いてくるほどだった。マッチの主成分のひとつである塩素酸カリウムは血液に作用し、血球、ヘモグロビンその他の性状・機能に変化を起こす血液毒となるのだが、ジュリーがそのことに気付くのはかなり成長してからのことだった。

そのうち母親は、幼いジュリーに白い錠剤を飲ませるようになった。ジュリーにはその薬が何であるかわからないが、母親が「じきに頭痛になるわ」と宣言してからその錠剤を飲ませる。すると、決まって耐えがたいほどの激しい頭痛が起きるのだった。

また、ジュリーが小学生になると、謎の薬を日常的に飲まされることに加え、十分な食事を与えられない時期もあった。母親はジュリーに朝食を食べさせず、ランチ代も持たせずに、ジュリーを学校に送り出した。そのためジュリーは学校では常に元気がなく、気付くと口からはよだれが流れているような、「見るからに不健康」という状態を呈していた。

その頃には、ジュリーに考えられる病気は遺伝病や心臓弁の異常にまで広がり、そうした病気用の薬がキッチンの戸棚に山のように積み上げられており、「薬の時間」がくると、ジュリーには有無を言わさずに、それらが大量に与えられた。

母親は、どうしても医師がジュリーの病気を特定できず、さじを投げるたびに、夜な夜な『家庭の医学』をはじめとする医学書と首っ引きになっていた。そしてジュリーの病気が何であるのかを確かめ、ある病気に当たりを付けると、その病気を専門とする医師のリストを見て病院の予約を取るのだ。

ジュリーにかかる膨大な医療費は、すべて父親の会社の保険で賄っていた。

やがてジュリーに弟が生まれると、母親は弟に対しても「胸から異音がする」などと言い出し、弟の症状も調べ始め、病院によく連れて行かれるようになった。やがて彼女は、息子の病気を「喘息」に定めたが、妻の魔の手が息子に伸びていることを察知した父親が、「息子は健康である」と、妻を強く叱責した。

それでも母親は、父親に「病気の子どもを2人抱えて、最低賃金の仕事につくのも無理」と主張し、自宅で退役軍人の面倒を見る仕事を始めた。最初こそは老人たちの世話をしようとしていたが、彼らが母親の優しさに無反応であることから、母親の世話は次第に雑になった。彼らに家族の残飯を与えたり、留守宅に鍵をして閉じ込めるなどの虐待的な扱いをするようになっていただけでなく、彼らの口座から金を引き落とし、自由に使うことまでしていた。

夫婦仲は非常に悪い、というか、夫が妻にまったく無関心で、仕事から帰ると大好きなテレビ番組にくぎ付けとなり、妻の愚痴をまったく聞こうとしなかった。そのため母親は、しばしば夫の気を引くために、夫のテレビ鑑賞を邪魔して口汚く罵り、暴力を誘発させた。そこでの激しい夫婦げんかに子どもたちはしばしば巻き込まれ、父親から首を締め上げられている母親に取りすがり、「ママを殺さないで！」と泣きじゃくる。すると母親は芝居っ気たっぷりに、「どうかあたしを死なせて、みじめな人生を終わりにさせて！」と叫ぶため、子どもたちの怒号が父親に浴びせられ続けることになった。そして騒ぎは頂点に達し、堂々巡りに突入した時、ふいに緊張の糸がぷつんと切れ、父親の手が緩み、母親は自分の部屋にこそこそと逃げ込むのが常だった。

また時に母親は、夫の目をいまいましいテレビ画面から逸らすために、子どもたちをターゲットに選ぶこともあった。子どもたちが父親の悪口を言っている、あなたの大切なものを捨てた、などとまったくのでたらめな事実を告げ口し、夫が子どもたちをせっかんせざるを得ないように仕向けるのである。

これ以外にも、しばしば母親は自分の人生に絶望し、子どもたちの前で死んでやると泣きわめいたり、これ見よがしに45口径のピストルの銃口をくわえることもあった。そして、決まってジュリーが、いかにママが必要であるかを泣きながら訴えることになる。「ママが生きてないと、あたしも生きていけないんだよ。ママがいなくなったら、具合が悪くなった時に誰が病院に連れて行ってくれるの？」と、わんわん泣きながら取りすがると、ようやく母親は落ち着きを取り戻すのだった。

また母親は、ジュリーが10歳になる頃、娘が原因不明の病気で学校を休んでばかりいて、同じ年頃の子どもと遊んでいないと主張し始め、ジュリーに社会性を持たせるためにと、家に里子を受け入れることを思いついた。そして、家を訪問してきたケースワーカーを手厚くもてなし、理想的な家族像を演出して信用させることにまんまと成功した。

その結果、以降6年間のうちに、様々な里子が入れ代わり立ち代わりやってきた。どの子も虐待や養育放棄が原因で親元から引き離されていた子で、様々なトラブルを抱えていた。そして遅かれ早かれ、里子たちにはそれぞれ病気らしき症状が現れるようになった。なかには、昔のジュリーと同じ症状を示して、同じ検査を受けるために、ジュリーが一度だけ診てもらったことのある医者のところに通い続けるようになった子どももいた。里子たちの医療費は、すべて児童福祉システムによって賄われた。

ジュリーが中学校に入る頃には、母親は以前医師から食物アレルギーのことを言われたことを思い出し、ジュリーには色々なアレルギーがあるのだと決めつけた。中学生になった頃のジュリーは毎朝、半熟の目玉焼きにバターをたっぷり塗ったトーストを付けて、残さず平らげていたのだが、母親によって食物アレルギーであると決めつけられてからは、母親はジュリーに朝食を作らなくなり、体重を増やすウエハースばかりが与えられた。

母親はジュリーの中学の三者面談に出かけると、ジュリーを教えている先生一人ひとりに会って、ジュリーの心臓がいかに悪いのかを丁寧に説明した。胸の刺すような痛み、息切れ、そのせいで脳内が低酸素状態になるために成績が低下してしまう。こうした母親の嘘を、先生たちは信じるしかなかった。そのため先生たちは、学校でのジュリーの様子に常に気を配り、異常を感じたらすぐに家に帰すようにしていた。

もちろんその間も、母親はジュリーの病気の原因を突き止めてくれる医師を精力的に探し続けていた。新しい病院では、より大げさに心臓の具合が悪いと説明し、ジュリーにもそうした演技をするよう強要した。もはやジュリーは、自分の具合が本当に悪いのか、健康であるのか、判断がつかなくなっていた。少なくとも、自分の病気の原因が突き止められることを母親は心から願っていたし、原因さえわかれば母親は上機嫌になるはずだから、ジュリー自身も、「本当の病気が突き止められること」を心から願っていたのだ。

そのうちジュリーは、病院に入院することが大好きになっていた。温かな病院の食事はウエハースよりもずっとずっと美味しく、糊のきいた清潔なシーツの上にいて、まるで赤ちゃんに戻ったかのように、親切に世話をしてもらえるのだ。そしてジュリーは、このまま病院にとどまりたいと考えるようになっていた。だから、看護師から「元気になったから、もう少しで家に帰れるかもね」などと言われると、わざと気絶した。食事のおかわりをし、本の山に囲まれて、母親の影響を受けずに済むこの環境から離れたくないと、強く願うようになっていたのだ。

そしてジュリーが入院している時には、母親も1日中病院にいたものの、ジュリーに付きっきりになっていたのではなかった。「難病の子どもを持つかわいそうな母親として」、他の患者と話したり、ナース・ステーションにいる看護師に相談を持ち掛けたりして過ごすのがお気に入りだったのだ。

しかし、そんな平和な入院生活の中でも、悪夢のような事態が訪れることがあった。ある日病室を訪れた看護師の手には、剃刀が握られていた。明日行う心臓カテーテル検査で鼠径部にメスを入れるため、下腹部の毛を剃る必要があるというのだ。ジュリーは恐怖に凍り付き、とっさに「そんなこと、やめて！　ママがでっち上げたんだから！」と叫んでいた。

しかし、看護師はジュリーの言葉を信じてはくれなかった。ジュリーは何かの薬を飲まされて大人しくさせられ、看護師は剃毛をさっさと終わらせてしまったのだ。そしてジュリーはそのまま翌朝まで意識を失っていた。眠りから起こされたジュリーは、またすぐに麻酔を打たれ、どろりとした意識の中で心臓カテーテル検査を受けることになった。それでも鼠径部にメスが入った時、ジュリーは突然パニックになり、激しく抵抗しようとした。「ワイヤーをわたしに入れないで、体から取り出して！　ママがでっち上げたことなの。そんなことしないで！」ジュリーの声が医師らに届いていたかはわからないが、鎮静剤が素早く打たれ、ジュリーの意識はすぐに遠のいていった。

これほどまでの侵襲性のある検査が行われたのに、予想通り、検査結果は母親にとって期待外れのものであった。つまり、心臓にはまったく異常が見つからなかったのだ。そこで母親は医師をファーストネームで馴れ馴れしく呼び、このように提案した。

「この際、これからの取り組みについて、計画を一緒に立てましょうよ。今回の検査で結果が出なかったことを考えると、いよいよ開胸手術に踏み切って、今度こそ、きっぱり原因を突き止めるべきじゃないかしら」

もちろん、この提案は医師によって即座にはねのけられた。そこからは、いつも通りの儀式が始まる。母親は娘の病気を特定できない医師の無能さを罵るだけ罵り、ジュリーを連れてそこを飛び出し、すぐに次の病院探しに取り掛かるのだ。

こうしたことが無数に繰り返される生活の中で、ジュリーは15歳になった。そしてその頃、父親が失業したため、十分な医療保険を受けられなくなってしまったのだ。これをきっかけとして、両親の仲は最悪になり、顔を突き合わしてはお互いを罵るようになっていた。

そして16歳の夏、ジュリーにさらなる転機が訪れた。病院に行くことのないジュリーには、長い夏休みにすることが何もなかった。そこで母親がジュリーのために、高校生が郡の病院で看護助手の見習をするアルバイトプログラムを見つけてきてくれたのだ。そして、この就業プログラムの条件が、毎週ワークカウンセラーとの面接をすることだった。その面接の際、ジュリーはワークカウンセラーから仕事の調子はどうかと聞かれ、ふいに気持ちを抑えきれなくなり、「仕事は最高、でも家は最低」と打ち明けてしまったのだ。それからは、自分が母親から受けてきた仕打ちのこと、家にいる里子のことなども、すべて話してしまった。特にお気に入りの里子の女の子のことを、あの地獄のような家から救い出したいと考えていた。

そしてすぐにカウンセラーが、州の法律に従って児童福祉局のケースワーカーに連絡した。その日のうちにケースワーカーがジュリーの家を訪ね、警戒する母親に対し、「養子の話があるとしたらどう思うか、子どもたちと話し合いたい」とうまく説得して、里子たちを散歩に連れ出すことに成功した。そして怯える里子たちに対して、ジュリーから話をすべて聞いたのだと伝えたところ、2人の里子は安心してすべてを話した。当然里子たちは、家に戻されることなく、そのまま保護されることになった。この瞬間、母親は里親の免許を失った。

その日、病院での仕事から帰ったジュリーは、これまで培った演技力に磨きをかけ、恐ろしい顔で問い詰めようとする母親に対し、しらを切り通した。しかしそのたった4日後には、ケースワーカーから伝えられた緊急連絡先の電話番号をジュリーが自分の部屋に隠していたのが見つかってしまい、今回の騒動がすべてジュリーの仕業であることが露見したのだ。母親は、父親からとびっきりの罰を与えてもらうことをジュリーに提案した。

「もうすぐパパが帰ってくるよ。お前はもう死んだようなもんだ。パパから殺されるからね。いいかい？　お前は死ぬんだ。今度ばかりは切り抜けられないよ。あたしも一生刑務所に入れられるかもしれないけど、お前には自分のしたことを償ってもらわないと。パパの帰りを待つんだね」と、期待で身をよじらせながら告げたのだ。

ジュリーにはもう、迷いはなかった。何とか隙を見て家から逃げ出し、そして児童福祉局に保護され、グループホームに入所することとなった。

＊

ここからも母子間のねじれた関係性は続き、かなりの紆余曲折があるのだが、ここでは割愛する。そして仕事を見つけ、ひとり暮らしを始めたジュリーが24歳になった時、コミュニティ・カレッジ（アメリカの州が運営する二年制の大学）に入学した。そこで、MSBPという言葉に出会うのだ。これはMSBP被害者本人の貴重な回顧であるため、その時の描写について、『Sickened』の寺尾まち子氏の訳文を、ゴシック体の強調部分を含め、以下にそのまま引用する。

＊

教授のやわらかな声が授業を先に進め、特定の児童虐待について話しはじめる。

「虐待者は——これは通常母親ですが——治療を受けさせたいがために、本来は健康な子どもを病気に仕立て上げます」

母親が……病気に……仕立て上げる。

「こうした虐待を行う母親は一般的に、幼い頃、トラウマとなる虐待や養育放棄《ネグレクト》に苦しんだ経験があります」

わたしは顔を上げた。よだれが下唇から机に垂れる。

「トラウマ、あるいはネグレクトは幼い頃の保護者によって行われたため、虐待者は医師との交流により、潜在的な親への欲求を満たします。医師は一般的に、自分を世話してくれる存在であり、権威のある人物だと思われていますから」

わたしは体を起こした。

「実際には、医師が診察しても子どもに異常が見つかることはほとんどありませんが、それでも母親は医師から医師へと渡り歩いて、検査や手術を次々と受けさせます。時には、母親が症状をでっち上げることもあるし、病気そのものを作ってしまうこともあります。子どもに障害が残ったり、薬と手術の影響で病気になったりすることもあります。死亡する場合もあるのです。

こうした児童虐待は、代理によるミュンヒハウゼン症候群、あるいはM（S）BPと呼ばれています」

（中略）

わたしは椅子を放りだすと、部屋から走り出た。廊下でひざから力が抜け、何とか足を引きずって煉瓦の階段までたどり着いた。

切り刻まれた、あたしの体、悪いところは、どこもなかった。

わたしは煉瓦の隙間に指を入れ、壁にもたれかかると、静かに頭を打ち付けた。

みんな検査をするだけで、何もきかなかった。

私は真実に何が欠けているのかわかっている。

ずっと、ママのせいだったんだ。

様々な断片があるべき場所に収まろうとして、わたしのなかを飛び交い、ひとつの結論が出る。でも、わたしは知りたくない。

あたしが犠牲になって、ママが生きてこられたんだ。
知りたくない。
だから、あたしも生きてこられた。
知りたくない。
ガツン。
知らなくちゃ。
ママが死んでたら、あたしも死んでた。
知りたくない。
ガツン。
知らなくちゃ。

＊

ジュリーはすぐにかかりつけのセラピストの緊急予約を取った。そしてセラピストの前で、授業でのこと、すべてが自分の身に起きたことで、どれもその説明に当てはまっているから、正しいに違いないと、興奮して一気にまくし立てた。しかしセラピストはジュリーに「落ち着くよう」促すだけだった。

それからしばらくの間、ジュリーは自分の記憶に苦しめられた。病院で受けた数々の仕打ちが、怒涛のようなトラウマになって襲ってくるのだ。

▽ジュリーの母親は心の病気だったのか？△

私の拙い要約文からでも、MSBP虐待の壮絶さが、ひしひしと伝わってきたのではないかと思う。そして、この物語の中で特に読者の目を引くのが、ジュリーの母親の異常さではなかろうか。しばしばこの母親は、死んでやると周囲を脅し、大混乱を巻き起こしている。そして、こうした行動は、境界性パーソナリティ障害の人物の行動パターンに合致するのだ。

境界性パーソナリティ障害は、ICD-10で、は情緒不安定性パーソナリティ障害の亜型の1つとされるもので、DSM-Vでは以下の診断基準が設けられている。

1　現実に、または想像の中で見捨てられることを避けようとするなりふりかまわない努力。
2　理想化と脱価値化との両極端を揺れ動くことによって特徴づけられる不安定で激しい対人関係様式。
3　同一性障害：著明で持続的な不安定な自己像や自己観。

4 自己を傷つける可能性のある衝動性で、少なくともふたつの領域にわたるもの（浪費、性行為、物質濫用、無謀な運転、むちゃ食いなど）。
5 自殺の行為、そぶり、脅し、または自傷行為の繰り返し。
6 顕著な気分反応性による感情不安定性（例：通常は2～3時間持続し、2～3日以上持続することはまれな強い気分変調、いらいら、または不安）。
7 慢性的な空虚感。
8 不適切で激しい怒り、または怒りの制御の困難（例：しばしばかんしゃくを起こす、いつも怒っている、取っ組み合いのけんかを繰り返す）。
9 一過性のストレス関連性の妄想様観念、または重篤な解離性症状。

『Sickened』を読んでいただけるとわかると思うが、この診断基準は、過不足なくジュリーの母親の特徴をしっかりととらえている。

ジュリーの母親は、医師からさじを投げられる瞬間を一番恐れていた。だから、見つけ出した新しい医師と初診で対面した時、「あなたのような優秀なお医者さんに、早く出会いたかった。あなたなら、この子の病気の原因を見つけられると信じています。だから、そのために何でも協力します。ファーストネームで呼んでください」と、ありったけの媚を売って、医師には容易には抜け出せない共存関係を作り出すのだ。以下で、特徴的な場面を拾ってみよう。

＊

「そうですね、この結果を見る限り、断続的な頻脈のようです」

私は診察室の中で、服を着たまま診察台に座っている。先生とママは、カウンターに広げた検査結果を見ている。

「すると、開胸手術が必要ということかしら？　マイケル、まじめな話、どうなっているのか本当にわかるのなら、手術したってかまわないんですよ。実は、新しいタイプの小児心臓弁膜症のことを読んだことがあるんですけど、その病気じゃないことを確認するために、何か検査をしていただけないでしょうか」

「いいえ、その検査は必要ないと思いますよ、サンディー。しかし、スタッフが常時監視しているところで、さらにいくつか検査が必要なのは本当です。オハイオ州立大学にジュリーを一週間お預かりして、総合的な評価を下してもよろしいでしょうか？」

「ええ、かまいません。とにかく、この子を病気だと認めてくださる有能な先生にめぐり会えて、本当によかった。これまで煮え切らないことばかり言われてきましたけど、ようやく何とかしていただけそうね」

「ええ、ご安心ください」

そして母親は、ジュリーと2人きりになった時にこう伝える。

「マイケルみたいな心臓内科医のいるところにお世話になるなんて、ほんとに運がいいわ。あらゆるテストをしてもらう、一生に一度のチャンスよ。あたしたち、最高の手当てをしてもらうために、一生懸命がんばってきたでしょ？　だからお願い、ジュリー、へまをしないで。必要なことは、何でもしてもらって、どこが悪いのか、原因を突き止めてもらうのよ」

しかし、医師があらゆる検査を尽くしてもジュリーの心臓に異常を見出すことができなかったと告げると、様相は一変する。

「嘘でしょ」

「いいえ、本当です。われわれが検査したところ、ジュリーは正常の範囲に入ります」

「信じられない！　ぜったいに信じない！　もっと詳しく調べて、開胸手術をする気はないの？　マイケル、最後まで調べるっていう話だったじゃない。あたしの力になってくれるっていったでしょ」

「いまでも、ジュリーの病気を突き止める手助けをしたいと思っていますよ、ミズ、グレゴリー。でも、心臓手術は必要ないんです。ふつう、親御さんだったら大喜びして――」

「へえ、それっぽっち？　あなたにできることは、それだけ？　あわてて、あたしを放りだすだけなの？　まったく、どうして他の母親みたいに、まともな子どもが持てないんだろう？　あたしはいい母親で、4Hクラブ[21]にも入れているし、乗馬だってやらせている。プールにだってキャンプにだって行かせているのに。何でも、かんでも、やってやってる。それなのに、まるであたしが悪いことをしているみたいな言い草じゃない。どうして、あたしがこんな目にあわなきゃいけないの」ママは腕でわたしを後ろに押しやった。

　わたしはママの左脚の後ろに立って、先生を見すえてSOSを送った。わたしを行かせないで、**ママに連れて行かせないで。**

「ミズ・グレゴリー、あなたがいい母親じゃないなんて言っていません。でも、ここではもうできることがないのです。心臓手術のことはあきらめてください。以上です」そういうと、先生は背を向けて去っていった。

「後悔するのは、そっちのほうよ」ママは金切り声でいう。「この子が、あんたのせいで死んだ時に。そうよ。こんな役立たずなまねをして、訴えてやるんだから。十三歳の女の子の悪いところも見つけられないなんて！　頭がおかしいのよ！　この子は病気なの。聞いてる？　この子は病気なのよ!」

＊

見捨てられることを避けようとするなりふりかまわない努力、理想化と脱価値化との両極端を揺れ動く不安定で激しい対人関係様式、顕著な気分反応性による感情不安定性、不適切で激しい怒り、または怒りの制御の困難。

このパーソナリティ障害の特徴として、他者に対する見方を急激かつ劇的に変える傾向がある。関係の早期には、世話をしてくれる人や恋人になる可能性のある人を理想化し、多くの時間を一緒に過ごし、あらゆるものを共有するよう求める。しかし、何かのきっかけで突然、相手が十分に気づかってくれないと感じ、幻滅する。そして相手を激しく攻撃するのだ。

医師との会話の一場面を抜き出しただけでも、ジュリーの母親は、このパーソナリティ障害の特徴にぴたりと合致することが分かるだろう。

ジュリーの母親は、「重い病気を持つ子どもに尽くすよい母親」というファンタジーの中でしか安定することができないのだ。その背景には、深刻な同一性障害が存在している。その原因としては、自らが受けた壮絶な虐待があった。

彼女の母親は、時折兄とその友人が地下室で彼女にひどい性的暴行を加えていたことを知っていたが、無関心だった。そして新しい父親が来ると、彼女はやはり義父からも性的虐待を受けた。また、母親は家事をせず、彼女に食事を与えず、昼食代を持たせずに学校にやっていたため、15歳になる頃には栄養失調に陥り、倒れてしまった。そして、病院でようやく1日3度の食事にありつけ、元気になった彼女は、17歳の時、母親が決めた50代の男と結婚させられたのである。その夫は、劣悪な環境の中で働き、肺をやられて血痰を吐いて苦しむようになっても、決して病院に行こうとしなかった。そしてある日、彼女と寝床についていた時、突然苦しみ出し、彼女の目の前でこときれた。そして彼女が26歳の時にした二度目の結婚が、やがてジュリーの父親となる、精神疾患を有する19歳の若者だったのだ。

明らかに、両親からの愛情を受けることがなかった彼女が、はじめて人間らしく扱われたのが、病院だった。だから恐らく、彼女は病院に執着し、医師との共存関係になることを切望していたのではないかと思われる。実際の彼女の生活はとてもみじめなものであったが、病院にいる時だけは、そのようなみじめさを忘れさせてくれる。患者というだけで、医療スタッフが彼女を大切に扱ってくれることを、しっかりと学習したのだろう。

境界性パーソナリティ障害患者は孤独に対する耐え難さを有する。見捨てられることを避けるために死に物狂いの努力を払い、他者が救助または世話をしてくれるよう仕向ける。他人の心をつなぎとめるために、しばしば自殺をほのめかしたり、実際に実行することもいとわない。

そして、境界性パーソナリティ障害は、幼児期のストレス、とりわけ身体的虐待、性的虐待、ネグレクト、養育者との分離、片親の喪失などの、幼い子どもにとって圧倒的につらい経験をしたことの関与が示唆されている。また、境界性パーソナリティ障害を有する人物の親も同じ障害を有していることが非常に多く、一般の有病率の5倍にも上るという報告もある。

この物語の冒頭には、ジュリーと祖母、つまり母親の母親との関係性の描写も出てくるが、明らかに祖母も、ジュリーの母親と同じ人格を有していることがわかるのだ。

ただし、MSBP加害者の思考や行動様式が特定のパーソナリティ障害の診断基準を満たすからといって、「MSBPは加害者の心の病気である」と即断することはできない。なぜなら、MSBPのような複雑な児童虐待を行う人物の中には、パーソナリティ障害の特徴を有している者もいれば、まったくそのような兆候が見られない人物もいる。つまり、ジュリーの母親は境界性パーソナリティ障害を有していたかもしれないが、娘を病気に仕立て上げるという異常行動を行うようになったのには、上述のような、了解可能な理由がある。その人物に「たまたま」、何らかのきっかけがあったことで、病気という状態にインセンティブを見出すことになったということなのだ。

他方で、生命も危ぶまれるような非常に危機的な状況の時に、自分を救ってくれた人物が医師ではなく別の親切な人物であったり、別の福祉機関などであったならば、ジュリーの母親は病気に執着することはなかったのかもしれない。また、栄養失調で倒れるたびに他者の親切な救いの手が伸べられるという経験をしていたならば、「ガリガリに痩せて栄養失調の自分」に執着し、食思不振症になっていても不思議ではないだろう。

そして、ある人物が、「病気の子どもを持つ親であれば、何か得をする」という考えにとらわれてしまい、子どもに対して「病気の偽装／作出」を行うようになったとすれば、その背景に特定の精神疾患があろうがなかろうが、MSBPという虐待は成立する。これは、例えば、境界性人格障害の人物が生命にかかわるような拒食に陥ったとして、神経性食思不振症の診断基準に合致する場合にはその診断名が与えられることと似ている。しかしこの場合と決定的に異なるのは、神経性食思不振症は本人に付けられる診断名であるのに対し、MSBPは「虐待の類型」だということだ。そして、それが「虐待の類型」であるとすれば、子どもが親からそのような形の虐待を受けているということこそが重要なのであって、その虐待の原因に親の精神疾患があるか否かは大した問題とはならないと考える。

子どもをせっかんする親に何らかの精神疾患が存在したとしても、重要なことは虐待を認定して子どもを救うことなのであり、この点は身体的虐待であろうが性的虐待であろうが、ネグレクトであろうがMSBPであろうがまったく違いはない。

▽ＭＳＢＰと性、ジェンダー△

他の児童虐待とは異なり、ＭＳＢＰ虐待の加害親は98％以上が母親であると言われている。この理由としては色々なことが考えられる。

まずは、子の受胎から分娩までわが子を胎内で守り、出産後もなお母乳を与え続けるという、生物学的母特有の子とのかかわりに基づく密着感が挙げられよう。そして、こうした密着関係が、「子は自分の一部、分身」との思い込みを生じやすいのだ。

かつては自傷や病者のふりによって周囲の気を引いていた母親が、わが子が生まれるや、「自分の身代わりに」わが子に不幸を作出し、周囲の気を引こうとするという発想は、この「母子一体」という思い込みから生み出されるものである。わが子を大切に育みつつ、「子どもは独立した存在で、別個の人格と人権を有する他者である」というわが子観を持っている自立した親であれば、こうした自分勝手な行動に出ることはまずないであろう。

私がかかわったあるＭＳＢＰ加害母は、わが子に対する一連の虐待行為を「自傷行為」としてとらえていた。そして、虐待が明るみになり追及を受けると、「母親である私が一番つらい思いをしていたのであって、その気持ちは他人にはわからない」と言い放った。つまり、わが子の苦しみをそのまま自分の苦しみとして味わっていたのであり、痛めつけられていたのはむしろ自分なのであって、他人から罰せられる筋合いはないと本気で考えていたのである。

そしてふたつ目には、「子育ては母親の仕事」「家族の栄養、健康管理は母親の責任」というジェンダー観が挙げられる。「子どもが病気になれば、母親が看病につきっきりとなる」という役割を当たり前のように担わせる社会であるからこそ、MSBPのように医療機関を巻き込む複雑な虐待行為が、母親の手によって、誰からも気付かれることなく営々と続けられているのである。

また、病院を舞台にMSBP虐待が行われている場合、いずれの事例でも、父親の存在というものが恐ろしく希薄であり、シングル家庭の割合も多い。父親が子煩悩で、わが子のちょっとした変化にも敏感であるというような場合には、妻による恐ろしい企みが暴かれやすいのかもしれない。

もちろん、妻が外で稼ぎ、夫が子育てを含めた主夫業を一手に担うという家族も、今や珍しいものではない。そして、妻が家庭よりも仕事に夢中で、子育てに対する熱意をあまり持っていないような場合、報われない家事や育児に追われる日々を過ごす夫が、子どもの世話を引き受けてくれ、ひと時の休息をもたらしてくれるばかりか、「子ども思いのいい父親」として賞賛してくれる小児病院をオアシスとして認識しても、不思議ではないかもしれない。

しかし未だわれわれの社会では、子どもの看病をするのがいつも父親である場合、周囲は好奇の目を向けがちであるし、医療者も母子関係について詮索することになるだろう。「この子がよくならないのは、お母さんがあまりかかわっていないからなんじゃないですか？」などという無神経な声を多く耳にすることになるかもしれない。

これが母親である場合には、「父親が不在であるのはよくあること」と、こうした周囲の干渉をうまくかわすことができ、小児病棟の一風景として自然に溶け込むことができるのだ。

映画・テレビの中の
代理ミュンヒハウゼン症候群　③

「世界仰天ニュース」が報じたリサ・ジョンソン

「世界仰天ニュース」で2010年に報じられた、あるノンフィクションによって、日本人の多くがMSBPを、そしてその本当の恐ろしさをまざまざと知ることになった。

＊

2001年、トニーは1530gの未熟児として生まれた男児であり、その際、少し呼吸に不安があるとの診断が下された。トニーは母乳を飲んでくれなかったため、母親のリサはそんなトニーに付きっきりで世話をしていた。そんな献身的なリサの姿に、夫も病院関係者も優しいいたわりを与えた。そこでリサは、「病児を献身的に看病する母親」としての賞賛に、恍惚感を覚えたのだ。

1カ月後、トニーの状態が安定し、退院できることになった。しかし退院してわずか2日後、トニーの容態は再び悪化した。吐いてばかりで母乳を飲んでくれないというのだ。病院ではアレルギーなどの検査を行ったが、異常は見つからなかった。その結果に納得できず、リサは再検査を依頼した。そこで大学病院を紹介され、トニーはさらに高度な検査を受けることになったが、やはり異常はなかった。医師たちは困惑したが、念のため、トニーを入院させることにした。入院中、リサはトニーが「母乳だけでなく、どんなミルクを与えても吐き出してしまう」と訴え続けていた。しかし実際には、トニーの口の周りにミルクをまき、吐いたように見せかけていたのだ。

担当医はこの偽装に気付かず、胃チューブを用いた栄養補給を提案した。幼いトニーの身体にメスを入れることになると説明されてもなお、リサは迷うことなくすぐさま承諾した。

また、この頃から、トニーにはありとあらゆる不可解な症状が出現するようになっていた。例えば、トニーが病院で糖尿病の疑いがあると診断された際には、検査前日にリサから大量の糖分を摂取させられていた。このような作為によってトニーは様々な病院に連れて行かれ、多種多様な検査や治療を受けることになった。結果として、外科手術までもが、何度も行われた。

そんな病院漬けの中でも、トニーは少しずつ成長していった。ただ、父親の前では一切食事をとろうとしなかった。リサが、食事を受け付けない子どもに仕立て上げるため、「パパの前では食べてはいけない」と、厳しく言い含めていたのだ。そして夫は、そんな妻の嘘をまったく見抜くことができなかった。

トニーが5歳になった頃には、リサによって、なんと「歩けない子ども」にされた。トニーは外出する際、酸素ボンベ付きの車いすに乗せられ、小学校では帽子とサングラスを着けるように言われていた。おまけに、アレルギーでほとんどのものが食べられないという経歴も追加された。そんなトニーの姿を見た人々が心配そうにいたわり、声を掛けてくれるので、再びリサは恍惚感を味わった。

トニーは、本来受ける必要のない医療行為を、実に300回以上受けた。そのような状況に至っても、周囲の誰もがリサの素顔を見破れなかった。24時間、トニーのそばに付ききりで看病しているリサは聖母そのもので、疑うことなど考えられなかったのだ。

そのうち、トニーの難病との壮絶な戦い、そしてリサの献身的な看護の様子が新聞で取り上げられた。その記事が大反響となり、人々の同情と賞賛を集めた結果、難病のトニーのためにと車がプレゼントされたり、3千万円近くにも上る多額の寄付が集まった。

そして2005年12月、リサとトニーは、イギリス王室主催の、病と闘う子どもの勇気が表彰されるチルドレン・オブ・カレッジというイベントに招かれることになった。そのイベントには、チャールズ皇太子夫人も出席していた。このイベントでトニーが最も栄誉ある賞を受けたことから、トニーは難病に立ち向かう勇気ある少年、リサはイギリスで一番慈愛に満ちた素晴らしい母親として、国内で広く知られるようになった。

そうしたある日、リサとトニーは、近所の友人たちとピクニックに出かけた。もちろん、他の参加者は多くのアレルギーを抱えるトニーを気遣った。ピクニックが始まって少し経った時、リサがトイレに立った。その間にトニーは誘惑に負け、ケーキを食べてしまったのだ。友人たちは大いに慌てたものの、トニーに変化はない。帰ってきたリサが事態を知ると、すぐに家にトニーを連れ帰ってしまった。友人たちの中には看護師もいて、不審に思い始めた。

しばらくして、リサは医師からトニーの糖尿病の状態を調べる再検査をしないかと持ち掛けられた。しかしリサは様々な言い訳をして、それを頑なに拒んだ。医師はこの様子を不審に思った。そもそもリサから離れている時にトニーはよく、看護師相手に元気いっぱいに遊んでいるのだ。本当に重い病気を抱えているのか？

そして医師は機転を利かせて、リサに内緒でトニーの糖尿病の検査を行った。果たして、数値は正常であった。医師がこの結果を伝えると、リサは激怒し、医師を訴えると叫んだ。そして再検査を強く求め、検体は自分が取ると言い張った。そして強行された再検査の結果は、まぎれもなく糖尿病を示す異常値を示していた。リサは「トニーは糖尿病です。二度と検査は必要ありません」と言い放った。

しかしこの頃には、医師はすでにＭＳＢＰを確信していた。そしてほどなく、児童虐待の疑いがあるとして警察に通報した。警察はリサに出頭を要請したが、見知らぬ男に襲われたなどと言い、出頭を拒んだ。その後警察がリサの家を家宅捜索し、ビデオテープを押収した。そのビデオテープには、トニーが家の中を元気に走り回ったり、サンドイッチを頬張る姿が映っていた。

2007年10月、リサには児童虐待で有罪判決が下され、39カ月の禁固刑が言い渡された。以降、父親と2人の子どもは転居し、リサの知らない土地で幸せに暮らしているという。

*

この事例でリサはメディアに大々的に取り上げられたことで、寄付の品や多額の寄付金を得ている。しかし、明らかにリサは、このように金品を手に入れることを目的として子どもを病気の状態に仕立て上げたのではない。結果的に大金が得られたとしても、それはあくまでも副次的なものであって、恐らくまったく意図していなかった結果であったろう。

実際欧米だけでなく日本でも、メディアで病気と闘う子どもが取り上げられることで、支援の輪が広がり募金が集められたり、有名人が見舞いに行ったり、通常では手に入らない興行チケットがプレゼントされるなどし、病児にスポットライトが当てられることがしばしばある。このような事態は、MSBP行為をする親からすれば、実はかえって迷惑であることの方が多い。話が大きくなりすぎたり、金銭的な援助を受けることで、ますます「後に引けない」状態になるばかりか、常に人の目を気にしながら作為を行う必要があり、嘘がばれる可能性が必然的に高くなってしまうからだ。

そのため、援助を断ったり、高額の寄付金を他の使い道に回すように提案することになりがちであるが、その「謙虚な」親の姿勢にますます周囲は感動し、賞賛を浴びてしまうのである。

Münchhausen Syndrome by Proxy

第4章

MSBPは「病気」なのか

▽ MSBPをめぐる混乱 △

これまで、様々なMSBPの事例を見てきた。いずれの事例も非常にグロテスクなもので、子どもが受けた被害は計り知れないほど大きいことがわかるであろう。

しかし他方で、読者の目はMSBP被害者である子どもよりもむしろ、平気で嘘をつき、自らの欲望のままにわが子を、そして医療者までも操る母親の姿ばかりに吸い寄せられてしまったのではないだろうか。確かに、子どもの受けている仕打ち、そして苦しみは、私たちの想像を超えるものである。しかしそれ以上に、わが子を「病気に仕立て上げる」親の異常さは際立っており、どうしても「MSBPというおかしな精神状態になった人間の異常行動」という印象を持ってしまいがちなのである。

そして実際、これまで述べてきたような一連の事例について「親が代理ミュンヒハウゼン症候群に罹患していた」という説明をすることで、かろうじてわれわれはそこで起きていた現象を理解できるような気になるのだ。しかし、これまで何度か述べたように、MSBPは親に付けられる病名ではなく、まぎれもなく虐待の一類型だと理解すべきである。

▽心配性の親△

例えば、わが子が病気であると「本気で」信じてしまった母親が、何とかわが子の病気を治してやりたいと、必死で医療にすがろうとすることは、われわれの理解を超えるものではない。親であれば誰でも、わが子に健康に育って欲しいと考える。特に小さい子どもは、自分で異常に気付き、それを申告することができない。だから、子の身体の異常をいち早く発見して病院を受診させるのは親の責任であると信じていて当然である。

そして、わが子に心配な徴候が見られる時、何らかの病気にかかっているのか、健康で問題がないのかは、医師にきちんと診てもらわないとわからない。だから親は、医師の前ではわが子の心配な症状を誇張して伝えがちである。いま医師の前では元気そうに見えているかもしれないが、確かに家ではこんな状態だった、よく考えたら2〜3日前からいつもと比べて元気がないような気がする。だから、しっかりとわが子の状態を調べて欲しいと訴えるのである。

しかし医師は、毎日病気の子どもを何人も診てきている。そのため、子どもの顔色を見て、口を開けさせて、聴診器を胸に当て、お腹を押し、少しの問診をしただけで「まあ、心配ないでしょう。もう少しお家で様子を見てもらって、気になるようならまたきてください」などと言いがちである。

親からすれば、「えっ、血液検査もしないで、本当に大丈夫だと言えるの？」と、ますます不安にもなるだろう。だから心配性の親であれば、子どもの状態をさらに「盛って」何とか詳しい検査をしてもらおうとするのである。こうした親は、たとえ「今日は家に帰っても大丈夫」と言われたとしても、家で症状が急変したらどうしようと考えてしまい、「念のため1泊入院させて様子を見てあげてください」と食い下がるかもしれない。

しかしこれは、子どもの体を心配するあまりの親心として、十分了解可能なものである。だから医療者としては、こうした心配性の親に対して、できるだけわかりやすい言葉で、心配がないと考える医学的な根拠を十分に説明することで、少しでも不安を取り除いてもらえるように配慮すべきであろう。

▽　不安ビジネス　△

例えば、民放のワイドショーを中心とするテレビメディアが視聴者の不安を煽ることによって高視聴率を稼ぐという手法は、昨今のコロナ・パニックを引き合いに出すまでもなく、昔からよく知られているものである。不安は人々の購買意欲を促すことから、マーケティング戦略にも積極的に取り入れられており、スポンサーの意向と連動するテレビ番組がそれに加担することも非常によく理解できる。

ワイドショーのメイン視聴者である高齢者がコロナウィルスに対する恐怖を煽られるだけ煽られたために、非常事態宣言の真っ只中にあって開店前からドラッグストアの前に行列を作り、マスクや衛生用品の入荷がないと知るや、別のドラッグストアを大挙襲来していたことは記憶に新しいだろう。

平時にあっても、健康バラエティはおしなべて視聴率が取れることが知られている。海外からきた未知の感染症が国内でじわじわと増えてきているなどの情報が流され、「専門医」という肩書の人間が病気の症状をわかりやすく解説し、「このような症状に心当たりのある人は早めに病院を受診するように」などと口にすることで、翌日には視聴者の多くが近医の外来に殺到するのだ。

そして明らかに、そのような情報に「流されやすい」人物というものは存在している。芸能人が人間ドックを受け、深刻な病が発見されたような番組を見せられると、自分も同じ病を持っているに違いないと錯覚してしまうのだ。こうした人物であれば、医師から「心配ない」と言われても、容易に納得できないであろう。「心配なので、もっと色々な検査をしてください」「念のため、薬を処方してください」などと懇願するかもしれないが、その動機は「病気であって欲しくない。でも、もし病気なのであれば、ちゃんと診断してきちんと治して欲しい」というものである。だからこういう人物であれば、きちんと検査の結果を示し、「病気ではない」というエビデンスを並べ立ててもらえれば、普通は安心するはずである。

しかし、どんなに医師がエビデンスを並べ立てても信用できず、「自分は病気に違いない」という妄想に囚われてしまう人も、中にはいる。そのため、病院を何軒もはしごし、そのたびに詳しい検査を要求することになるのであるが、こうした不安神経症的な人物とミュンヒハウゼン症候群の人物との違いは、「医療介入にかける執念」や「医師が判断を誤るほどの操作」などの「程度」によって判断するしかないだろう。

もちろん、その人物をミュンヒハウゼン症候群と呼ぶのであれ、過度の心配性（「身体症状症[22]」「病気不安症[23]」という精神科診断名もある）と呼ぶのであれ、その行動によって日常生活や社会生活が制限され、自分自身や周囲の人が苦しめられる事態となったのなら、それは精神医学的な介入の対象となる。

▽　精神病とは何か　△

逆に言えば「精神疾患」というのは、身体的な病気とは異なり、自分や周囲がそれによって苦しめられるようなことがない限り、治療の対象とはならない。さらには、周囲がいくらその患者の精神状態によって苦しめられたとしても、患者が「自分は病気である」と認めず、治療に協力しない限りは、精神科医療につながることは非常に難しい。医療措置入院という強制的な入院の方法もあるが、この対象としては、自殺や犯罪にかかわるような場合で、正規の措置入院の手続きがとれず、かつ急速を要する時に限定されるのである。

例えば「うつ病」の反対の局に「躁病」という状態がある。これは、気分が高揚し、様々な面白いアイディアが次から次に考えが浮かんでくるため多弁になり、うずうずしていても立ってもいられず非常に活動的となり、疲れを知らないような状態である。例えば明石家さんまさんは、公私を問わず常にハイテンションであることで知られており、まさしくこの躁病のエピソードを彷彿とさせる。しかし、彼はマシンガン・トークでバラエティに引っ張りだこの人気者なのであって、誰も「治療が必要」だとは考えていない。

つまり、躁病の診断基準に合致する人物であっても、周囲が「すごくエネルギッシュで、楽しい人」と好意的に受け止めるのであれば、それを異常とは認識しない可能性が高くなるのだ。

そして本人も常に「楽しくて仕方ない」という状態で、人間関係も良好なのであれば、それはとても幸せな人生なのであり、多弁は天性の才とみなされ、医療の出る幕はない。

しかし、このような人物の周囲の人々が振り回され、嘘をつかれるなどの迷惑をかけられるようになれば、やがて本人は周囲から孤立してしまうだろう。そうなると、本人も困ってしまい、「人に迷惑をかけないような行動を取れるように」、治療を求める動機付けが生まれることになる。そして、躁病に苦しみ、治療を求める患者に対しては、炭酸リチウムに代表される気分安定剤などの、適切な治療方法が確立しているのだ。

同じように、幻覚や妄想が出現する統合失調症も、本人が苦しんだり、周囲が奇異な目を向けたり、家族が本人の言動に悩まされたりするような葛藤を生むことになるため、服薬による症状のコントロールを必要とする。

さて、ミュンヒハウゼン症候群の患者は医療者に無用の労力を使わせ、貴重な医療資源を不当に搾取する厄介者ではある。しかし現在、ミュンヒハウゼン症候群患者に対して明らかに有効だとされている治療法は存在していない。それどころかミュンヒハウゼン症候群の患者は、嘘がばれそうになると途端に逃げ出したり、「自分は身体の病気なのであって、精神の病気ではない」と、しばしば精神医学的介入を拒否することで知られている。

患者の思考や行動を変化させる認知行動療法や、病気であることを希求するきっかけとなっている問題にアプローチするカウンセリングなどが功を奏するミュンヒハウゼン症候群患者もまれにはいるが、そのためには、まず患者が自らの「嘘」を認める必要がある。しかし、慢性的な嘘つきが、他者に対して「自分は嘘つきである」と認めることはほとんどない。そのため、患者自身に「治療の動機付け」が存在しなければ治療介入することは極めて困難であるし、何とか治療を行ったとしても、患者の行動を変容させるだけの効果があがるという保証はないのである。そうであれば、ミュンヒハウゼン症候群の患者に対して、あえて「特定の精神病である」という評価をすることのメリットは乏しく、むしろミュンヒハウゼン症候群という名称を用いることには、「こういう異常な思考（嗜好）で病気のふりをして検査や治療を受けたがる危険人物が存在するので、医療関係者は特に注意するように」という警告の意味の方が強いと言えそうだ。

同様に、MSBPの場合、最大の被害者は不要の治療を受けさせられる子どもであり、医療者にとっての最重要の課題は、目の前の患児が真の疾患であるのか、親の操作によって作り出された状態であるのかをいち早く見極めることとなる。そして、親の作為であることを医療者が見抜くことができ、親子の分離ができたとしたら、この時点における「加害親がMSBPという精神疾患にかかっている」というレッテルの意義は、非常に少ないものといえる。

以下で、もう少し詳しく論じていこう。

▽　MSBPの診断基準　△

MSBPは、ミュンヒハウゼン症候群と同様、アメリカ精神医学会「精神疾患の診断・統計マニュアル」（DSM–V）の作為症／虚偽性障害の項目に分類されており、「他者に負わせる作為症（従来の、代理人による虚偽性障害）」英語名Factitious disorder in another（FD・iA）として、以下の診断基準が示されている。

A　他者においての、身体的または心理的な徴候または症状の捏造、または外傷または疾病の意図的な誘発で、確認されたごまかしと関連している。
B　他者（被害者）が、病気、障害、または外傷を負っていると周囲に示す。
C　明らかな外的報酬がない場合でも、ごまかしの行動が確かである。
D　その行動は、妄想性障害または他の精神病性障害のような他の精神疾患ではうまく説明できない。

そしてご丁寧にも、この診断基準には「注」が付けられていて、「本診断はその被害者ではなく、加害者に与えられるものである」と記載されている。

このマニュアルであえてMSBPの用語を用いなかったのは、「MSBPは児童虐待の種類であって、そのMSBPが加害者の精神疾患である場合にはFD：iAという診断名で呼ぶ」という趣旨であるのかもしれないが、その点は明記されていない。

それにしても、この診断基準は明らかに取っ散らかっており、そもそも診断基準としての水準を満たしているものなのか、大いに疑問である。

例えば、「虚偽性障害」においても同様であるが、この基準でキーワードになってくる「ごまかし」とはいったい何なのか、いまひとつぴんとこない。原文を見ると、deceptive behavior、つまり「詐欺的／欺瞞的な行動」とされている。そうなると、診断基準Aを要約すると、「他者に病気の状態を捏造したり誘発したりしながら、(医療者を) 騙そうとする言動が見られる」ということになるだろう。そうなってくると、Bの診断基準はAに含まれているようにも思われる。子どもの病気を偽装／作出して医療機関につながる場合、医療者や家族（＝周囲）に「子どもが病気である」と示すことは必然的だからだ。

そして、Cでいう「明らかな外的報酬」とはどういうものなのかということは、必ず問題となってくるだろう。

例えば、「他者からの配慮を受けたい」という動機は、「明らかな外的報酬」と言えるのだろうか。もしそれに該当しないと言うならば、そこでの「他者」を「自分に無関心だが子どもは大切にしている、浮気夫」に置き換えてみると、どうだろう。子どもが病気になれば、家庭を顧みない夫の関心を家庭に引き付けることができるかもしれないと、妻／母親が考えていた場合、それは「明らかな外的報酬」だと評価できるのではないだろうか。

また、他人にとっては取るに足りない、些末なことであっても、当人にとっては何物にも代えがたい報酬となっているということはよくある。それでは、その場合の「明らかな外的報酬」というのは、他人から見た評価であるのか、本人の主観的価値観であるのか、わからなくなってしまうのだ。

そしてDの診断基準は最も重要であり、かつ、非常に問題のあるものである。つまりMSBP行為が、例えば3章でみたジュリー・グレゴリーさんの母親のように境界性人格障害によって説明できるような場合には、この診断基準を満たさないということになるのだ。

それ以外にも、MSBP行為に親和性のある精神病性障害はいくつかある。例えば、自分が注目の的になるために芝居がかった態度や誇張した情緒表現をする「演技性人格障害」は、メードゥ先生の最初の症例報告の2人の母親にも診断されていた。さらに、自分を特別な存在であるように見せる「自己愛性人格障害」、他者に面倒を見てもらいたいという欲求の強い「依存性人格障害」、そして親自身の「ミュンヒハウゼン症候群」なども、MSBPが明らかになった母親に認められることが少なくない。そして、MSBP行為がこれらの障害の存在によって説明できる場合には、ここでいう「MSBPに駆り立てられる病気＝FD:iA」にはならないというのだ。

しかし実際には、MSBPのような「複雑な虐待」「異常な行動」を説明するために、異常な心理状態や人格障害などの「何らかの精神病理」が持ち出されることは少なくない。逆に、「精神病性の問題が一切認められない、行為を度外視すればまったく正常な親」にしかFD:iAという診断が下せないとなれば、そこでの親の異常は「行為のみ」ということになってしまうのではないだろうか。

つまりこの場合、「MSBP虐待を行った親に精神疾患がない場合に限ってFD:iAという精神疾患に分類される」という、おかしな状況が出現してしまうのである。それではいったい、FD:iAとはどういう精神疾患だというのだろうか？　これでは、診断基準が破綻しているとしか言いようがない。

▽　診断マニュアルの暴走？　△

さらに極めつけは、この診断基準における「他者」とは、子どもに限らず、親やペットなど、とにかく「自分以外」であればいいとされている点である。わが子を病気にする場合と、親を病気にする場合、ましてやペットを病気にする場合が、同一の精神疾患名で論じられるというのは、明らかにおかしいと言えるだろう。

もうここまでくると、どうしてもアメリカの精神医学会は「精神疾患」の射程と自らのテリトリーを広げることで、何とか医療費を稼ごうとしているようにしか思えなくなってくる。

そして実際、そのような批判をする著名な医学者もいる。

改定前のDSM-Ⅵの作成委員長も務めたデューク大学のアレン・フランセス名誉教授[24]は、DSM-Ⅴについては、アメリカ精神医学会の財政を救うために検討が不十分なまま早期に出版してしまったと指摘する。そしてこの診断マニュアルが治療対象を拡大することによって、「とにかく病名を付ければよい、そして、それに基づいて薬を処方すればよい」とばかりに患者にはとにかく投薬治療が施され、薬効がないばかりか副作用が出現し、それを改善するためにさらに投薬を行うという「薬漬け」の状態が出現したと警告するのだ。さらにこのことは製薬会社の暴走、焼け太りを余計に加速させる原因になったと指摘している。

ここでこれ以上、DSM-Ⅴについて批判することは適切ではないため、こうした指摘が存在することのみを記すにとどめておく。

▽小児性愛とMSBP△

そもそも子どもに対する加害行為が明確に証明された場合に、精神科医が精神鑑定を行い「母親がMSBP／FD:iAに罹患している」との診断を下すことには、どれだけのメリットが存在するのであろうか。

MSBP提唱者であるメードゥ先生は、この疑問につき、1995年に書かれた医学論文「What is, and what is not, 'Munchausen syndrome by proxy'?（何がMSBPで、何がそうでないのか？）」の中で、次のような皮肉を言っている。

「かつて私は、裁判所においてある人物が『MSBPに罹患しているかどうか』と問われ不快感をもった。すなわちそれは、義理の息子に肛門性交をした男が『性的虐待に罹患しているか』と問うことと同様に、適切ではないと思われるのである」

また、フェルドマンらも、『病気志願者「死ぬほど」病気になりたがる人たち』の中で、「精神医学では代理人によるミュンヒハウゼン症候群と同様に小児性愛も精神障害のひとつに数えられてはいるが、だからと言ってわれわれは子どもを性的に虐待せずにはいられない大人を告発するのをためらうことはない」と断じている。

MSBPは、それが行動化した場合においては即座に「児童虐待」の評価が下されることになるという点において、「小児性愛」の精神医学的診断名と共通する。しかし「小児性愛」とは異なり、MSBP（FDiA）はDSM-V基準において「行動化」が必須のものとされており、「子どもを病気にするという衝動に本人が苦しんだり対人関係上の困難が生じる場合」は想定されていない点に注目すべきであろう。つまり、加害者による「欺きの行動」とそれに基づく被害が実際に起きているということが、診断のための必須条件となっているのだ。しかし、患者本人の社会的な機能不全や自我的・社会的葛藤を伴わない精神障害というものを想定するのは、なかなか難しい。そのため、そのような診断名は、異常な行動（虐待）に対する精神医学的ラベリングに他ならないものと考えられるのだ。

ちなみに「小児性愛」のDSM-V診断基準とは、以下のようなものである。

A　少なくとも6カ月間にわたり、思春期前の子どもまたは複数の子ども（通常13歳以下）との性行為に関する強烈な性的に興奮する空想、性的衝動、または行動が反復する。

B　これらの性的衝動を実行に移したことがある、またはその性的衝動や空想のために著しい苦痛、または対人関係上の困難を引き起こしている。

C　その人は少なくとも16歳で、基準Aに該当する子どもより少なくとも5歳は年長である。

つまり、社会的・情緒的に安定した生活を営む者が、苦悩を伴うことなく、行動に起こすこともなく、密やかに小児に対する性的嗜好を持っている場合には、上の診断基準によれば精神疾患とは見なされない。これは、性障害一般や解離性障害、睡眠障害、気分障害など、その他の疾患においても同様に見出される診断傾向である。

そして、「小児性愛」は精神疾患の診断マニュアルに分類されてこそいるものの、ほとんどの場合、その診断名がつくことをもって加害者の責任能力を減軽することは認められていない。むしろ、「治療の困難性」「人格矯正の困難性」「再犯のおそれ」などの見地から、重罰化される傾向にあるのだ。このことは、反社会性人格障害における犯罪行為においても同様に言われることである。

それでは、「小児性愛」を精神疾患とする意義とは何であろうか。それは、本人が自らの嗜好によって苦しんだり、本人や周囲が被害者を出してしまうことを恐れる場合、医療機関につなげることができるということに尽きる。そして医療機関においては、小児性愛という嗜好自体を「治す」ということは困難であるにせよ、認知行動療法や心理カウンセリングを実施する、あるいは自助グループなどに患者をつなげたり、緊急性に応じては病棟に隔離することなどによって、犯罪の抑止を図ることができるのだ。

さて、ここでMSBPに話を戻すと、小児病棟でMSBP行為が発覚した際、しばしば親を精神科につなげる試みが行われる。これは、「MSBP（FD·iA）という精神疾患を治療するため」というよりも、他の児童虐待の場合と同様、「母親が自らの問題に気付き、向き合い、わが子に対する認知や行動を変化させていくことを援助する」というかかわりを医療が持ち続けることが、事態を改善するために有効であると信じられているからなのだ。

虐待をする親を「サポートする」ために多くの機関や人間がかかわることで、親の心身の支えとなり、虐待を未然に防ぐことにつながると考えられており、基本的にこのことはMSBPであっても変わることはない。

▽ 身体的虐待加害者との違い △

ところで、親によるMSBP行為が、被害を受ける子どもにとっては悲惨で残酷な虐待であるということは、これまでに見てきた様々な事例から、読者には十分に伝わったものと思われる。

そしてMSBPが他の身体的虐待と大きく異なるのは、親の感情にまかせた「殴る、蹴る」などのむき出しの暴力をそのままダイレクトに子どもにぶつけるのではなく、親が事前に策を入念に練り、病院に提出する検体を操作したり、何らかの化学作用を有する物質を服用させたり、物理的に手を下すなどの「作為」により「病気」の状態を作り出すことで、わが子を病院にとどめるという、大変複雑な行為を行う点である。

そこで操作を行っている親の冷静さ、熱心さは、さながら実験室で実験データを眺めている白衣の研究者のようである。そしてその表向きの姿は、われわれが「虐待者」として想定する親の姿とは対照的なもので、子どもを心配し、大切にし、かいがいしく世話をする「子煩悩のいい親」そのものに映るのだ。もちろんそれらの振る舞いは、医療者に疑いを抱かせることのないよう、十分に他者の目を意識した意図的なものであることもあれば、「本当に子どもを愛し、かわいがっている」という場合さえあるのだ。

さて、こうした複雑な操作を行うことで医師を欺き、治療介入をされても病状がなかなか改善しない状態を維持するという一連の行為が「親のMSBP／FDiAという精神疾患によって」引き起こされ、継続されるということは、本当にあり得るのだろうか？　そして、これらの作為が本当に「親の病気」であったとすれば、いったいどういうことになるのだろうか？

▽ MSBPが精神病名だとしたら △

まったく精神が正常な、一生懸命子育てをしている親が、ある日突然この「奇病」にかかってしまい、いきなり子どもを病院に入れたくて仕方がない状態に陥ってしまうのだろうか。この病気は「幼い子どもの親」だけが罹患するものなのだろうか。それでは、その病原体はどこからくるのだろう。

精神疾患の多くは何らかのストレスが関与していると言われているが、医療行為に突き動かされるストレスとは、いったい何なのだろうか。病気への不安だろうか？　子どもが病気になることが心配で仕方がないから、あえて子どもに病気の状態を作り出し、濃厚な医療ケアを受けさせることで安心できる心理状態になるとでも言うのだろうか。そして、本当にそんな精神疾患が存在するのだとすれば、親は「病気によって」判断能力をなくした状態で、せっせと病気にしているということになるだろう。本当にそんなことがあり得るのだろうか？

あるいは、「番外編」で紹介したドラマ『ヴォイス』の兄のように、妹が入院した際に初めて看護師から「頑張っている、偉い」というねぎらいの言葉をかけられた瞬間にMSBPという病気に「罹患」し、それ以降は自分の意思とは無関係に、「病院でねぎらいの言葉を受ける」ということを希求する行動をとってしまうようになるとでも言うのだろうか。そうだとすれば、その場合は医療者のねぎらいの言葉が「感染源」ということになるだろうから、医療者に対して患者の付き添いをねぎらう言葉を禁止すれば、世界中からMSBPという奇病を撲滅することができるとでも言うのであろうか。

こうした考えは、明らかにばかげていると言わざるを得ない。

▽親の欲求による虐待△

例えば、わが国でよく知られている、親の欲求に基づく虐待類似の状態として、「子への親の過剰な期待と行き過ぎた介入」というものがある。

かつてプロのスポーツ選手になる夢を断念した親が、わが子にその夢を託し、物心もつかないような幼い頃から、年齢にそぐわない厳しいトレーニングを課すような場合がそれである。親は生まれた瞬間からわが子の将来を決めてしまっているため、子どもがそれ以外の道を希望したとしても許さず、もし言うとおりにしないならお金を一切出さない、家を出て行け、などと脅したりもするのだ。

また、例えば開業医である親が生まれてくるわが子に病院を託すことを決めていて、子どもが幼い頃から入る学校をすべて決め、勉強漬けにするなどという話もよく聞く。

このような場合、親は遊びたい盛りの子どもに早くから家庭教師を付け、有名進学塾の入塾試験で特別クラスに入学するようプレッシャーをかけ、入塾後は学校から塾に直行させ、帰宅してからも親がつきっきりになって夜遅くまで勉強させるというのだ。

子どもが親の期待を素直に受け止め、そのまま親の期待が自分の目標となり、受験勉強にやりがいを感じ前向きに取り組めるようであれば、問題ないだろう。

しかし、子どもが大きくなるにつれ、親の期待した成績を取ることができず、勉強にも意欲がわかず、他の生徒と一緒に遊びたいと駄々をこねるようになるというのも、子どもの自然な姿である。そしてここで、親が子どもに対して「頭が悪い」などと罵倒したり、怒鳴りつけて威嚇して無理に勉強させたり、同級生にわが子と遊ぶことを禁じたり、子どもの前で配偶者を責め立てるなどの行為に及んだとすれば、それは子どもにとっては虐待でしかないであろう。

そこで、このような経緯でストレスを感じ、体調を崩して医療機関を訪れる子どもがある時からかなり目立つようになり、同様な症例を何例か経験した医師が、これに対して「児童虐待であり、医療者の注意喚起のために名前を付ける」と考え、有名な医学雑誌に論文を発表したとすれば、どうだろうか。

そこでは、まさにMSBPと同じような混乱が生じることが予想できるのだ。

▽タイガー親子症候群△

以下、架空の症例報告のイントロダクションをパロディ風に記してみることにする。

＊

最近、小学校低学年の児童が無気力状態となった事例を複数経験した。患者たちはいずれも、器質的な異常が指摘できないにもかかわらず、社会的コミュニケーションが突如として失われ、カタトニア（緊張病）類似の病像を呈していた。患者たちの家庭環境は両親が揃っており、高所得の家庭がほとんどで、いずれかまたは双方の親は高学歴であり、両親とも育児に熱心であるという特徴を持っていた。

各種検査の結果として、心因反応であることが強く疑われたため、さらに患者における日常生活についての調査を進めたところ、いずれも幼少期からの親による将来の進路への強い介入という要素が見いだされた。

親が子どもの将来を早々に決め、そのようなレールを敷こうとすることは、わが国では珍しいことではない。ただ多くの場合、子どもが成長するにつれ、親の価値観と自己像、やりたいこととの間のギャップを感じ、反発するようになるものだ。その場合にほとんどの親は、子どもとじっくりと話し合い、それでも子どもの意思が固い場合には、折れてしまうことになるだろう。

しかし、当院を訪れた患者たちの親は、いずれも一切子どもの言い分をきくことなく、力づくでいうことをきかせようとした。そのために患者は深く絶望し、年齢不相応の無気力状態を呈してしまったのである。

そして、わが子がこのような深刻な状況になっているにもかかわらず、これらの親の心配は専らわが子の学業の遅ればかりに集中しており、わが子が精神科病棟に入院することに最後まで抵抗し、いつまでに治せないなら病院を替わるなどと、期限を付けて脅迫してくるのが常であった。また、こうした親は対応する医師や医療スタッフの学歴を気にし、それによって態度を変えるという傾向が顕著であった。

こうした、学歴信仰に取りつかれた親と、それによって弱体化される子どもという現象は、恐らく多くの医療者によって認識されてきていたにもかかわらず、誰も記述しようとしなかったものである。そして、子どもの精神が破壊されてしまうほどに親の価値観を押し付けることは、明らかな虐待なのであって、医療者はこうした症例を一刻も早く発見し、子に適切なケアを行う必要があると言える。

そこで筆者はここで、このような一群の患者について、アメリカの法学者エイミー・チュアが提唱したTiger Motherにちなみ、「タイガー親子症候群」と名付け、医療者の注意を喚起したい。

＊

なお、Tiger Motherとは、子どもに人生の成功者になって欲しいがために子どもに極度に厳しい決まり事を課している母親を称して名付けられた名称である。

タイガーマザーという名称にしなかったのは、ジェンダー平等の観点から相応しくないと考えたことと、「親」でなく「親子」とすることで、MSBPにおける「症候群」が親のものであるのか、子のものであるのかが不明確であるという点になぞらえている。

さて、ここである医師が「教育虐待」とも言うべき親子関係について「症候群名」を付けて注意喚起を行い、それを受けて世界中から同様の症例が報告されるようになったとして、それをあえて「親の精神疾患である」と考える必要があるだろうか？

こうした親には確固たる信念があり、自分が示す道を歩むことこそが、わが子の最大の幸せにつながると信じている。そして、このように頑固な親の姿勢は、一昔前であればあたり前のことであった。そもそも日本では明治以降、直系卑属にあたる長子が家督を相続するというしきたりが長く続いており、戦後にはそうした制度は廃止されたものの、いまだ「長男が地元に残り、実家を継ぐ」という風習は、暗黙裡に残っている。また、「一族が医者」「教師一家」「政治家家系」などという言葉が聞かれるように、親や親族が子どもを特定の職業に就かせようとすることは、珍しいことではない。

ただ現代では、親が子どもだった時代に比べ、はるかに職業における選択肢は広がっている。そして国際的にも、子育てにおいては「子どもの最善の利益」が基準とされており、子どもの意思は最大限尊重されるべきであると考えられている。したがって、このような「子ども主体」を謳う現代において、子どもの自己実現欲求を阻害するような親の働きかけが、もはや「虐待」として位置づけられるとしても、大きな違和感はないだろう。

ただし、そこでの親に冠されるべき言葉は、「精神疾患」ではなく「時代錯誤」である。

▽ 児童虐待と「症候群」△

ある特定の親の不適切な行為によって子どもが深刻なダメージを負っていることを、症候群という言葉でひとまとめにし、医療者を中心とした子ども福祉に携わる関係者に周知しようという試みは、児童虐待研究の幕開けと同時に始まった。

児童虐待という言葉が定義されたのは、比較的最近のことである。それまでは子どもに対する過酷な取り扱いは「親のしつけ」であり、「家庭の問題」として、外部の人間が介入することはなかった。

米国の小児放射線科医であるジョン・キャフィが、「奇妙な長幹骨骨折と慢性硬膜下血腫を有する小児」という症例を発見し、それを報告したのが1946年のことである。[25] そして、そうした症例の臨床的観察から、コロラド大学小児科主任教授のヘンリー・ケンプと小児放射線科主任のフレデリック・シルバーマンが、1962年に児童虐待研究の先駆けとなる〝The Battered Child Syndrome（被殴打児症候群。被虐待児症候群とも訳される）〟を発表した。[26] これ以降、医療者によって児童虐待を受けた子どもたちが多く「発見」されるようになり、児童虐待は広く社会問題として認知されるようになったのだ。

なお、レントゲン上で「急性硬膜下血腫を負った児童に見られた長管骨の骨折」という、虐待を受けたと思しき子どもに特徴的な所見を発見したキャフィ医師は、1972年に「世話をする人に乱暴に揺さぶられたと思われる、特徴的な症候」を記述した〝Whiplash shaken infant syndrome〟[27] を発表した。これは現在ではShaken Baby Syndrome（SBS）と呼ばれていて、わが国でも「乳幼児揺さぶられ症候群／揺さぶられっ子症候群」として知られる虐待である。キャフィの報告以降、「子どもを感情的に揺さぶってしまう虐待」が医療者に、そして少し遅れて社会的に広く認知されるようになり、わが国では啓発ビデオが作成されたり、母子手帳に記載されるなど、積極的な啓発活動が行われている。

なお最近は、虐待という強い言葉を用いず、加害の意図の有無や実際の怪我、精神症状の有無・程度などには関係なく、「子どもにとって有害か」という観点からのみで判断される「マルトリートメント症候群」という名称を用いることが、小児科学の分野で提唱されている。マルトリートメントというのは「不適切な養育」と訳され、その時点で「虐待」と呼ぶには躊躇されるような行為であっても、明らかに子どもにとって不適切であると考えられるような親の対応が含まれる。

そして、いずれの場合でも「症候群名」は、医師が小児を診察する際に、「虐待」を疑うようなサインが存在するかどうかを判断する際の手掛かりとしての役割を果たすのだ。当然、そこには「親の精神疾患」という価値判断は一切入ってこない。まずは虐待されている疑いのある子どもに気付き、適切に対処することが、医療者には求められているのだ。

だから、MSBPという概念も、これらの「児童虐待」症候群と同様、「病気の子どもの症状が親の作為による可能性はないか」という気付きを医療者に与えることこそに意義があるのであって、親の精神状態などは二の次だというべきなのだ。

▽ そもそも「症候群」とは何か △

そもそも「症候群」とは、「〜病」という疾患単位と比較して、より多彩な内容が含まれるものであり、複数の疾病単位を包括する概念とも考えられている。『ステッドマン医学大辞典』によれば、症候群（syndrome）は、英語でtogetherを意味するラテン語のsynとrunningを意味するdromosを語源としている。run togetherは「合流する、混合する」という意味の熟語であり、多彩な症状や徴候がひとつの病的状態像に向かって合流していくようなイメージでとらえるとよいだろう。

そして「症候群」を構成する内容には、原因がひとつであるものもあれば、複数の原因に基づくものまで、様々なものが含まれるのであり、単に「病的傾向」を意味する接尾辞として用いられる場合もある。例えば、現代人のストレス状態や世相を表す症候群名として、「燃え尽き症候群」「ピーターパン症候群」「かぐや姫症候群」「結婚できないかもしれない症候群」「人間関係リセット症候群」「休日恐怖症候群」「思春期挫折症候群」などの、無数の「症候群名」が心理学関連の本、マスメディアやネットメディアなどに登場してきている。これらの多くは一時的なストレス・不適応反応としての社会病理を言い表す状態像であり、もちろん正式な精神医学的診断名ではない。

また、「ガチの」医学的診断名としての症候群の名称も多数あり、AIDS（後天性免疫不全症候群）やSIDS（乳幼児突然死症候群）、かぜ症候群、SARS（重症急性呼吸器症候群）、MERS（中東呼吸器症候群）、ダウン症候群、アスペルガー症候群など、一般によく知られる名称も多く含まれる。

多彩な臨床像をひとつの「症候群」として分類することの医学的意義としては、一定の臨床特徴に対する医療者や介入者の把握を容易にし、治癒の見通しや治療戦略を立てやすくするということに求められる。また、先に示した児童虐待関連症候群のように、不適な育児や隠された暴力などにつき、臨床医や社会に警鐘を鳴らす役割を果たす場合もある。

このように、「症候群」の医学的考え方や目的には様々なものがあり、確固とした疾患名として定着しているものもあれば、「不思議の国のアリス症候群」や「手首自傷症候群」のように、その原因を問わず、患者における顕著な主訴や行動特徴を描写するような症候群名も存在する。したがって、医学的「症候群」は、その名称のみからそこでの射程を正確に読み取ることが困難であり、さらに著明な病的傾向に対する一般的な用いられ方による「症候群名」も氾濫していることから、確固とした医学的概念なのか、便宜的な名称なのか、あるいは俗称であるのかが極めて紛らわしく、受け取る側に混乱を引き起こす原因ともなり得る。

また症候群名は、より妥当な知識の集積までの暫定的概念としてとらえることも可能であり、その場合には根底にある構造や原因についての理解の欠如した〝機能的な定義〟として用いられることになる。

いずれにしても、ある観察者により「症候群名」が提唱されるや、それを所与のものとして与えられた他の観察者がその類例や特徴に合致するものを探すことで、その症例が「経験的に」積み重ねられていくことになるというものなのだ。

だから当然、「症候群」という名前が付いているからといって、その内容には様々なものが含まれるため、それが「真正の」病気を表しているということにはならない。

▽　なぜ病院に執着するのか　△

さてここで、やはり読者の多くは、MSBPの親がわが子の命と引き換えにしてでも病院に居座ろうとする心理を、到底理解できないと考えていることだろう。

しかし、心が疲れている一部の人間にとって、病院は心休まる空間となり得る。第3章で見たジュリーがそうであったように、「家にいたくない理由」がある人物が、たまたま入った病院に居心地のよさを感じ、いっそう家に帰りたくなくなったとしても不思議ではない。また、ごみ屋敷のようになったわが家で髪を振り乱して子育てに格闘している一部の親にとっては、病院は清潔さの象徴のように見えるかもしれない。そして、普段は誰も子育てを手伝おうとしてくれないのに、病院にいれば、何かしようとすればすぐに医療スタッフが手を差し伸べてくれる。病院にさえいれば、いつも気遣われ、わが子の世話という当たり前のことをしているだけで、周囲がほめてくれるのだ。

また一部には、いわゆる「医療マニア」という存在もある。医療ドラマが好きで、白衣が好きで、自分もその世界に入りたいと考えるのだ。MSBPの加害親の中には、あたかも自分が医療スタッフの一員のようにふるまい、平気でナースステーションに入り浸ったり、医師と対等な関係であるかのような図々しい態度を取る者も少なくない。

子育てのことについて何を言っても生返事しか返ってこない夫に比べて、小児科医は何でも真摯に聞いてくれ、すぐに対処しようとしてくれるため、夫に対する満たされない思いを埋めることができるかもしれない。

また、私が以前ある母親から聞いた話では、「子どもが生まれてからはまったく自分の時間を持つことができず、とにかく子育てと家事に追い立てられる毎日だった。でも、たまたま子どもが入院することになった時、子どものベッドサイドに座りながら、本当に久しぶりに自分の好きだった雑誌をめくることができた。ああ、自分の時間が持てるっていいな、と思った」という。

子どもの病室にさえ付き添っていれば、誰にも非難されることなく、夫の世話をしなくてもいい、他の家事をしなくてもいいので、かなり楽になることは確かである。もちろん、子どもが重症であればそんな心の余裕はないかもしれないが、なかには子どもが退院できない程度に病気の状態を維持してくれれば……などと考えてしまう親がいても不思議ではない。

とにかく、最初のきっかけは些細なことであったかもしれないが、子どもを病気の状態にしたことで、様々な「いいこと」が副次的に得られ、後戻りできなくなることもあるだろう。また、疑いの目を向けられているような気がするため、その不安を打ち消すために新たな症状を作り出さなければならないという強迫観念に駆られることもあるだろう。

このように、「わが子が入院する」ということで得られる親の報酬は、いくらでも考えられる。そしてその一方で、「わが子を病気の状態にする」という虐待を行うようになったきっかけを明確に説明できる親は、ほとんどいないものと考える。

私たちは、後から思えば「どうして」としか言いようのない不可解な心理で、おかしな行動を取ってしまうことがある。「その行為の理由を説明せよ」と言われても、「出来心としか言いようがない」と頭を抱えてしまうことになるのだ。

ましてやMSBP行為を行う親にあっては、自分の作為が露見しても、MSBP虐待を頑強に否認することで知られている。作為を加えている現場が押さえられてもなお、「この日たまたまこうしようと思ったのであって、以前には一切そういう行為を行っていない」「子どもは本当の病気だ」と主張することが非常に多いのだ。

▽京都点滴汚染水事件の概要△

京都点滴汚染水事件は、2010年に行われた、わが国で最初のMSBP刑事事件であり、裁判員裁判対象事件でもある。当時の私は、中日新聞社さんのご厚意により、この注目の裁判のすべての日程を傍聴することができた。刑事事件としてMSBPを扱うことの困難さがよく伝わる事例であると考えたため、ここで詳しく紹介したいと思う。

＊

A子は、短大在学中に14歳年上の現夫と結婚した。しばらくは子どもができず、不妊治療を行った結果、3年ほどで長女を妊娠、出産し、その翌々年には次女を出産した。A子は次女が3歳になる頃から、二世帯住宅で同居することになった舅と姑から「よき妻・よき母親」として見られているかが大変気になるようになり、ストレスを感じていた。

その頃、長女が幼稚園に入ることになった。A子は、長女が自分から離れていくことに寂しさを感じた。A子の生き甲斐は子育てなのであり、いつまでも幼いわが子を手元に置いておきたいという気持ちが湧き上がってきたのだった。

そうした折、次女が熱を出して入院することになった。その際、「病院でかいがいしく子どもを看病する母親」として見られたことに心地よさを感じ、さらに病院にいれば次女と2人きりで親子水入らずの時間を過ごすことができること、義父母の目や気詰まりから逃れられることなどに気付き、病院での生活が「気に入った」のだった。

最初は、尿検体に細工をしていただけだった。それでも次女は、血尿やタンパク尿によって、腎生検などの侵襲性の高い検査や抗生剤の大量投与などの不要な処置を受けることとなった。

そしてそのうちA子は、「次女の点滴に水を入れれば熱が出て入院が長引くだろう」という恐るべき着想を得て、医師や看護師が処置で使い終わった無消毒の注射器のシリンジをゴミ箱から拾い、水を入院中の次女の点滴回路に何度か注入した。次女はそのたびに発熱、呼吸困難などを呈し、容態が急激に悪化した。敗血症を発症することも少なくなかった。

医療者には、その原因がまったくわからなかった。そのため治療は効奏せず、ようやく容体がよくなってきたと思えばすぐに悪化することを繰り返し、次女は最初の混入から約2カ月後に死亡した。

次女が亡くなってすぐに、A子は三女を妊娠した。そして三女が2歳の時、次女と同じ状況で入院した。三女の入院中にA子は、次女の時と同じ方法で、汲み置きの水を点滴回路に注入することを繰り返すようになっていた。以降、三女は次女と同様の症状を繰り返すようになり、医療者の懸命の治療も虚しく、壮絶な闘病の末に、わずか2歳2カ月で死亡した。

そして三女死亡直後、A子はすぐに妊娠し、四女を出産した。同児が生後6カ月時に体重増加不良によって入院した際、A子はやはり同様の汚染水注入行為を、十数回にわたって繰り返した。その際には「水に浮いたほこりを取るため」に、ガーゼで注入前の水を濾した。そのため、点滴回路内には雑菌類だけでなくガーゼの繊維も混入することになったのだ。四女は高熱を出すとともに呼吸状態が悪化し、肺水腫と診断されて人工呼吸器管理を受けなければならないほどの重篤な症状を呈した。2カ月ほどの闘病の末、四女は消化管出血を起こして血便を出すようになり、輸血を要するほどの状態となった末に心不全、呼吸不全に陥って死亡した。

その直後、A子は家族の反対を押し切ってまたも妊娠し、五女を出産した。そして五女が1歳10カ月時に発熱等で病院を受診した際、A子は、医師に対し点滴治療を行うことを強く要望した。そしてこの時にA子は、飲み残しのスポーツドリンクを、あらかじめ持参していた注射器のシリンジを用いて点滴回路内に注入して血液中に真菌・異物等を混入させ、またも五女に敗血症を起こさせたのだ。いったん五女は家に連れ帰ることになったが、すぐに容体が急変し、病院に緊急入院することとなった。その際、五女はさらに容態が悪化したため、より高度な医療を施すことのできるK大学病院にヘリコプターで救急搬送されることになった。そしてK大病院でも、五女は非常に負担と苦痛の大きい治療を受けながらも、容態改善と悪化を繰り返すこととなった。

やがてK大学病院の主治医が、ICUで管理され、容態が安定していた患児が、「母親との短い面会の直後に決まって悪化する」ということに気付いた。そのため、患児と母親が2人きりにならないよう厳格な監視が付けられ、患児のベッドに監視カメラが向けられた上で、警察への通報が行われた。

後日、病室の様子をモニター監視していた警察官によって、A子による点滴への異物注入行為が確認された。警察官が病室に急行したところ、A子はシリンジを取り出して犯行を認めた。

▽MSBPと殺人罪は両立しない△

本件は「MSBPの事件」として大きく報道され、大いに世間の注目を集めた。そしてA子は、四女に対する傷害致死と五女に対する傷害罪、さらには三女に対する傷害罪で裁判員裁判にかけられることとなった。

事件の概要だけを見れば、3件の殺人事件と1件の殺人未遂事件であり、死刑求刑もあり得るような重大事件である。それなのに1件の傷害致死と2件の傷害罪という極めて軽い罪名評価となったのは、本件に対する「MSBPの事案である」という評価が大きく関係している。つまり、MSBP行為は、あくまでも「子どもを病気の状態にしておくこと」が目的のはずなのであって、殺害が目的のはずはないと考えられたのだ。

実際、A子は子どもたちを、心から愛していた。そして愛しすぎていたがゆえに、いつまでも子どもと2人だけの時間を病院で過ごしたいと考えていたのだ。

ただ、そのために選んだ方法が、あまりにもずさんであった。A子は「血液内に水を入れる」という方法にあまりにも固執しすぎたため、その結果として子どもに引き起こされた敗血症の状態が、医療者にもコントロール不可能なほどに重篤化してしまうことになってしまったのだ。そしてこれはA子の「殺意」ではなく、「過失」であると評価された。

そのため、生死をさまようほどの重篤な状態になった五女であったが、医療者の懸命な努力によって救命できたため、「傷害」という評価にならざるを得なかったのだ。

そして同じように考えると、次女・三女に対しては傷害致死が成立するはずであるが、ここで担当医はミスを重ねていた。次女も三女も、「何らかの発熱性の疾患」と判断されたことから、死因は単なる「病死」の扱いになったため、いずれも解剖を行っていなかったのだ。

もちろん、患者の死因が不明であれば、主治医は遺族に対して病理解剖への協力をお願いすることになるが、それには強制力はない。そして、幼いわが子を病院で亡くした親がほとんどそうであるように、「わが子がメスで切り刻まれるのは忍びない」と断られると、医師としてはそれ以上何も言うことができなくなってしまうのだ。そして実際にA子は、「この子のきれいな体を傷つけられることは耐えられない」として、いずれも解剖を断っている。子どもたちのきれいな血液を汚染し、ぴかぴかだった臓器をボロボロにしておいて、何をか言わんやである。

かくして、逮捕当時からA子は一貫して次女・三女に対しても汚染水注入行為を行ったことを認めていたものの、死因が特定されていない以上、「A子の汚染水注入行為によって子どもが死んだ」という因果関係を確定することができなかったのだ。そうなると、傷害罪の限度でしか起訴することはできなくなってしまう。加えて次女の事件はかなり古く、もはや物証がなく立証が困難で、傷害罪で起訴することはできないと判断されたのであろう。

なお、これらの経緯によって刑事司法上、MSBP虐待にまつわる非常に厄介な問題状況が明らかになった。それは、「加害親がMSBP虐待を認めさえすれば、たとえ子どもを意図的に窒息死させていたとしても、致死量の毒物を摂取させたとしても、殺人罪には問えない」ということだ。だから、本件のように子どもを入院させた上で殺害することを繰り返した場合には、それら一連の行為に「MSBPだ」というレッテルを貼るだけで、非常に軽い量刑で済んでしまうことになる。

しかし、本件のA子は、少なくとも三女、四女と犯行を重ねるうちに「この行為を続けたら、やがてわが子が死んでしまう」ということが予見できたはずである。それなのに、A子は懲りもせずにせっせと同じ行為を続けていた。これはまさしく、「未必の故意」と評価すべきものではなかったろうか。

つまり、MSBPという評価に「親の動機」という価値判断が加わっているがゆえに、犯罪の評価がゆがめられる可能性があるということだ。

そしてそれだけでなく、「MSBPは親の精神疾患」という誤った知識が世間一般に広まったことにより、「責任能力なし」という評価すら下される余地すら出てくるのだ。これは、弁護戦略上は見逃すことのできない要素であろう。

▽　医師の「気付き」　△

なお、この一連の犯行の全容をふり返ると、次女、三女、四女を担当した主治医がMSBPに気付けなかったことの罪は、非常に大きいということがわかるだろう。そしてK大学病院の小児科医は、この主治医から五女の受け入れを電話で打診され、五女の病状が点滴処置後に必ず悪化するという説明を受けた際に、すかさず「人為の可能性はないのですか？」と聞いている。そして五女受け入れ後は、非常に早い段階でMSBPを見抜いたのだ。

これは、K大学病院の医師がMSBPについての正確な知識を有していたからに他ならない。なお、前の病院の主治医もMSBPについての知識を有していたのかもしれないが、目の前にいる患者、そして母親を疑うことは、どうしてもできなかったのだろう。これは主治医が、これまでA子とその子どもたちの不可解な病状を解明することにのめり込み、手を尽くしても病魔から救うことができなかったという負い目を持っていたことにより、A子に疑いの目を向ける余裕をなくしていたものと思われる。

しかし、前の病院でも唯一の僥倖があった。それは、四女を亡くした際に主治医がA子を説き伏せ、四女の病理解剖に同意させることに成功していたことだ。

その病理解剖では、医師は敗血症の原因となる異常を見つけることができなかった。しかし臓器の検体を取っておいたために、捜査の過程で再検査を行うことができたのだ。そしてその再検査で、四女の肺の血管の大部分に血栓が詰まっていたことが明らかにされたため、四女の死因が実は肺動脈血栓塞栓症であったことがわかり、さらにその血栓形成には「人為」が介在していたことまでもが突き止められることになった。それは、A子が水を四女の点滴回路に注入する前に「ほこりを除去するため」にガーゼで濾していたことで、血液中にガーゼの繊維が流入し、それが血栓のもとになったことが証明されたからだ。残酷な行為を行う際のA子の「ささやかな気遣い」が四女の死因となったとは、誠に皮肉なことであろう。

▽ A子の精神鑑定 △

裁判に際し、A子には精神鑑定が行われることになった。恐らく、検察もこんな荒唐無稽な事件を担当したことがなく、かなり理解に苦しんだことだったろう。

精神鑑定では、A子が幼い頃から母親にべったりで、母親から優しくしてもらいたいがために学校で意図的に過呼吸発作を起こしたり、失神したりすることを繰り返していたことが明らかにされた。そして高校2年生の時に母親が交通事故で亡くなったことから、A子はかなり年上の男性を母親に代わる新たな依存の対象として選び、長女、次女をもうけてからは、依存の対象がわが子に移ったのだった。

そして精神科医の見立てでは、本件の一連の犯行の動機は、A子が「特別な病気を持つ子どもの母親となることで、家庭を離れて他人とのコミュニケーションをとることのできる病院にい続けることにこだわった」ことだとされた。実際にA子は、「難病を持つ子どもの母親」として、全国の免疫疾患の専門医を調べ、子どもを連れて訪ねたりしていたのだという。

そして病院でのA子はわが子を溺愛し、子どもに密着し、片時も離れたがらなかった。医療スタッフが患児のベッドをのぞいた際には、常にA子は愛おしそうにわが子に触れながら、じっとその寝顔を凝視していたのだという。その鬼気迫るようなA子の表情に、医療スタッフは「本当に子どもを可愛がっている」という印象を受けると同時に、どこかぞっとするような感覚をも覚えたようである。

そして鑑定医は、これほどまでに愛しているわが子に対して恐ろしい虐待行為を繰り返していたことについて、A子は罪の意識に乏しく、深刻に受け止めていないのではないかと思ったという。つまりA子は、事の重大性が理解できていない、あるいは罪悪感という感情が鈍麻しているようであり、むしろ「愛するわが子を亡くした自分こそが被害者」という感覚を持っていたようなのだ。

そこで鑑定は、以下のように結論づけた。

「A子は代理ミュンヒハウゼン症候群であって、善悪を判断し、それに従って行動する能力については『ある程度低下』していたかもしれないが、日常生活も問題なく送れており、本件の一連の犯行には計画性があり、さらに犯行を隠そうとしていたことからも、違法性を認識することはできたのであって、法律上は完全責任能力がある」

▽裁判でのMSBPの扱われ方△

本件は、初期の報道の段階から「MSBPだ」と評価されていて、私の研究室に多くの記者がアクセスしてきたということは、前述した。そこで丁寧に私の説明を聞き、納得してくれた記者は、MSBPのことを「特殊な児童虐待」として報道してくれた。しかし、別の専門家から話を聞いた記者の多くは、MSBPを「特殊な精神疾患」と報じたのだ。

このような状況だったので、私はこの裁判に際して、「日本の司法がMSBPをどのように扱うか」ということに関心、というより大きな不安を持っていた。そして案の定、A子の弁護士、そして検察官さえも、MSBPを「精神疾患」として理解してしまったのだ。これには、鑑定医による「A子は代理ミュンヒハウゼン症候群である」という、あたかもMSBPが加害親の診断名であるかのような説明が、大きく影響したものと思われる。

本件の刑事裁判で弁護人は、「A子が本件各犯行に及んでしまったのは、A子がいわゆるMSBPという〝精神状態〟にあったからであって、このような精神状態になったことについてA

子には責任はない。そしてこれによって、A子は事理弁識能力及び行動制御能力が低下していたのであるから、このことは量刑上有利に斟酌されるべきである」と主張し、執行猶予を付すよう求めた。こんなに重大な事件で、である。

この弁護人の主張を傍聴席で聴いていた私は、めまいを覚えた。弁護士は、「A子はMSBPという『病気の被害者』なのであって、子どもに対する病気の作出はA子の自由意思で行われたものではなく、まさしく『病気の症状』として出現したのであるから、A子には責任はない」と言っているのだ。最も恐れていたMSBPについての「誤解」が、堂々と裁判官の、そして裁判員の前で披露されたのである。

これに対して検察は、「MSBPは病気等ではなく、単に上記のような動機で病人を仕立てあげるような人を総称して呼称されているにすぎないのであるから、量刑上有利に斟酌されるべきではない」と主張した。ここまではよかったのだが、さらに検察は懲役15年という求刑に際して、「A子にはMSBPの〝症状〟が継続しているため、今後も同様の行為に及ぶおそれが高い」としたのである。

この検察の説明は、A子を可能な限り厳罰に処すために、精神鑑定の内容を上手に利用したものと思われるが、要するにMSBPを病気でないとしながら病気であると言っているのであり、明らかなダブル・スタンダードである。つまり、検察においてもMSBPの概念をどのように扱っていいのか、わかりかねて混乱していたのであろう。

▽ＭＳＢＰに対する裁判所の判断△

何度でも繰り返して言うが、ＭＳＢＰは子どもを病気の状態にし、医療を巻き込んで行われる特殊な児童虐待を指す言葉である。そしてＭＳＢＰに該当する行為を行ったからと言って、その加害親が精神疾患であるということをそのまま意味するものではない。そして、これまでに散々述べてきたように、ＭＳＢＰあるいはＦＤｉＡという特定の精神疾患があるものとはとても思えないし、精神疾患であるとする意義も乏しいのだ。

しかしながら、京都地裁は、判決文の中でＭＳＢＰについて以下のように判断した。

＊

……たしかに被告人の犯行には、代理ミュンヒハウゼン症候群であるとしなければおよそ説明できないような行動が認められ、この点については、上記のような精神状態が被告人の犯行に一定程度影響を与えている面は否定できないと考えられる。

そして、これによって、被告人の事理弁識能力及び行動制御能力がある程度は低下していたと認められるのであるから、この点については量刑上有利な事情として斟酌し得ると考えられる。

（中略）以上のとおり、本件が、母親が実の子どもらに対し、極めて危険な態様で常習的に行った犯行であること、生後6カ月から2歳1カ月に至るまでの3人の幼い子どもらに生命の危険を生じさせるような態様で苦しみを与え、そのうちひとりの尊い命を奪っていることなどに照らせば、本件犯行は極めて悪質であり、それによって重大な結果を生じさせたものであるから、被告人の行為は、通常の傷害致死事件や傷害事件よりも非常に強い社会的非難を受けるべきものであるといえる。そうすると、被告人が代理ミュンヒハウゼン症候群と診断される精神状態にあったことによって、一定程度事理弁識能力及び行動制御能力が低下していたことや被告人の反省の態度、被告人に前科前歴が見当たらないことなど、被告人に有利な事情を十分考慮してもなお、弁護人の主張するように、被告人に対する刑の執行を猶予すべきとは到底認められず、被告人を相当長期間の懲役刑に服させる必要があると考えた。（主文：懲役10年）

＊

判決の日、裁判長から「被告人の犯行には、代理ミュンヒハウゼン症候群であるとしなければおよそ説明できないような行動が認められ……」のくだりが読み上げられた時には、思わず脱力してしまったのをよく覚えている。何度でもいうが、本件の母親が行ったような、医療を巻き込んでの蟻地獄のような児童虐待を説明するために作られた用語が、MSBPなのだ。つまり、ここで表明されているのはただの循環論法であり、これでは何も言っていないのに等しいことになる。

そして極めつけが、「上記のような精神状態が被告人の犯行に一定程度影響を与えていた」ため、「事理弁識能力及び行動制御能力がある程度は低下していた」とする論理である。つまり裁判所は、A子が「MSBPであるとしなければ説明できないような行動を行う精神状態」だったために、「子どもの点滴回路に汚染水を入れる行為が悪い行為だと判断する能力」、及び／または「悪いことをやらないでいる能力」が低下していたというのだ。

確かにA子は、子どもを病院につなぎ止めておくことに異常なまでに執着し、そのために、わが子に筆舌に尽くし難い苦痛を与え続けた。しかもその動機とされるのは「居心地のいい病院で、わが子と二人きりで過ごしたい」というものであり、恐ろしいまでに身勝手なものであるが、了解不可能なものではない。ましてやA子は、病院を舞台にした「難病を持つ子どもをかいがいしく世話する母親」という自らの役割に、心から満足しているようであった。

これらの発想とそのために行った一連の操作は極端なものではあるが、何らかの精神疾患であるとしなければ理解できないものとは、私にはどうしても思えないのだ。

映画・テレビの中の
代理ミュンヒハウゼン症候群 ④

ディーディー・ブランチャード殺害事件

ジプシー・ブランチャードは1991年7月27日、米国ルイジアナ州ゴールデン・メドーに生まれた。両親は彼女が生まれる前に離婚していたので、ジプシーは母の手ひとつで育てられることになった。そしてジプシーの生後まもなく、母親のディー・ディーが「娘が病気だ」だと周りに言い始めた。そしてディー・ディーは、ジプシーが抱える様々な病状があたかも真実であるかのように、次から次へと医師を欺いたため、ジプシーは不必要な施術や投薬を数えきれないほど受けさせられることになった。

以降、ジプシーは母親から白血病、筋ジストロフィー、ぜんそくなどの病気であると信じ込まされていて、周囲から化学療法を受けている患者に見られるように、髪を刈り上げられた。

またジプシーが8歳になる頃、交通事故に巻き込まれて軽い擦り傷を負ったが、この時母親は、ジプシーはいくつもの手術が必要なほどの大けがをしたと主張し、以降彼女は車いすでの生活を強いられるようになった。さらにジプシーが十代になる頃には、母親はジプシーの知的能力が脳障害によって7歳児レベルであるとも周囲に吹聴していた。

２００５年、ジプシーが14歳の時、ハリケーン・カトリーナがルイジアナを襲撃し、他の住民と同様、母娘も地元の避難所に避難していた。その時に、この難病を持つ子どもと献身的な母親の話を聞きつけた地元メディアが「ハリケーンから生還した奇跡の母子」として大きく報道した。この報道がきっかけとなって、重い障害を持つ娘とそれを献身的に支えるシングルマザーとして、母子は全米に知られるようになった。それから何年もの間、ディー・ディーのもとには慈善団体から多額の寄付金や贈り物が寄せられるようになった。

明らかにおかしいとジプシーが気付くようになってもなお、母親は彼女にこの茶番を続けるよう強要した。ジプシーは時にベッドに縛りつけられたり、ハンガーで殴りつけられるなどの激しい身体的および精神的な虐待を加えられ、恐怖による支配を受けていた。

ジプシーが19歳となった2009年頃、彼女は自身の国民健康保険カードを見つけ、母から言われていた「1995生まれ」ではなく「1991年生まれ」と記載されていたのを目にした。彼女自身、それまで自分は15歳だと思いこんでいたのだ。

もちろん、この間にジプシーの病状について疑いを持つ医師も現れた。しかし、そうした医師からの疑いの目を向けられると、ディー・ディーは二度とその病院に現れなかったのだ。

ジプシーが22歳となった2013年、インターネットのキリスト教系デートサイトでニコラス・ゴドジョンという、自閉症その他の問題を抱えた24歳の青年と知り合い、交際を開始した。しかし当然、ディー・ディーはこの交際に猛反対であった。

その後、ジプシーはニコラスに、自分たちの交際に反対する母親を殺して欲しいと頼み込み、ジプシーのいいなりであったニコラスは、自宅にいたディー・ディーをナイフで滅多刺しにして殺害した。そして警察がディー・ディーの遺体を見つけたのは、事件から4日後のことであった。

遺体発見の翌日には、ニコラスの自宅に隠れていた2人が逮捕されることとなった。当初、重い障害を持つジプシーが殺人鬼に誘拐されたものと考えられていたが、ディー・ディー殺害は娘であるジプシーの策略であったことがわかり、世間は仰天した。

刑事裁判において、ジプシーは自らの罪を認め、10年の禁固刑に処された。刑務所内でインタビューを受けた際、ジプシーは「母と暮らしていた時よりも今の方が自由を感じる」と話した。一方、無罪を主張していたニコラスは第1級殺人で有罪判決が下され、終身刑を受けている。

＊

この物語は、あまりに衝撃的で、しかも荒唐無稽に見えるが、すべて真実である。そしてこのニュースは言うまでもなく全米に衝撃を与え、アメリカのＨｕｌｕで『The Act』というタイトルでドラマ化された。日本では、２０２０年11月の「奇跡体験！アンビリーバボー」で放送されたという。

それにしても、③で見た英国のリサ・ジョンソンと、この米国のディー・ディーは、恐ろしいほどの共通点を有していることがわかる。そして両事件は、まるで2人が示し合わせ、学習し合ったかのように、その時期の大部分がかぶっているのだ。これは、いったいどのような偶然だというのだろうか？　英国の事件では、被害者のトニーがまだ幼いうちに母親の悪事が明るみに出たため、トニーはまだ人生をやり直すことができた。しかし、誰にも気付かれないまま、病気の子どもとしてトニーが成長し、多感な時期を押さえつけられ続けていて、鬱屈した思いを押し殺し続けていたとすれば、やがてその怒りが爆発する日がきて、ディー・ディーのような悲劇が起きていたかもしれないのだ。

欧米のメディアカルチャーでのMSBPブーム

インターネットコンテンツであるｉ－Ｄ（i-d.vice.com/jp）に、２０２０年1月27日配信の、面白い記事が載っていた。オリジナルはi-D UK. に書かれたルイス・ステープル氏による記事で、「ここ数年、『代理ミュンヒハウゼン症候群』を抱える女性を描く映画やドラマが増えている」という書き出しで始まっている。

2021年3月現在、日本では未公開のNetflixのドラマ『ザ・ポリティシャン』に、孫に毒を盛り、彼女と周りの人々全員に、孫ががんだと思い込ませている祖母の物語が出てきていて、人気を博しているというのだ。そして、それ以外にも2017年以降、BBC 3のドラマ『Clique』、2018年のHBOのミニシリーズ『シャープ・オブジェクト KIZU―傷―：連続少女猟奇殺人事件』、2019年のITVのドラマ『Deep Water』などに、MSBPを彷彿とさせる母親が登場しており、MSBPに象徴される恐ろしい母親像が大衆に受けていると分析されている。

この記事には、「強迫性障害や統合失調症、代理ミュンヒハウゼン症候群などの疾患については、視聴者への配慮という義務よりも『安易なイメージ』を優先する脚本家が多く、いまだに誤った描写が多い」という、虚偽性障害／ミュンヒハウゼン症候群の専門家であるマーク・フェルドマン博士のコメントも紹介されている。

さらにカルチャーエディターやテレビエディターなどのコメントも紹介され、大衆がMSBPに熱狂するのは、現在の母性にまつわる不安を反映しているのだと分析されている。そして、これらの傾向は現代におけるミソジニー（女性蔑視、女らしさに対する嫌悪）が大きくかかわっているというのだ。

表面的には、これらの「悪い母親」を、作品の中でどこかコミカルに描くことにより、彼女たちが、家父長制にのっとった面倒見のよい、愛情に満ちた、ルールを遵守する女性像を根底から覆すことにより、家父長制に対するアンチテーゼとなっている。しかし実際には、女性、母親を「悪女」「毒親」として描くことにより、結局は女性という存在を貶めているということになるのだという。

これは、なかなか面白い分析である。母親は何よりも子どもの幸せを考え、自分のことなど二の次で、とにかく子のために尽くすものだという母性幻想は、いまだにわれわれの社会には根強い。そして、社会のそうした期待を一番恐ろしい形で裏切る母親の姿が、MSBP加害者なのであって、こうした最悪の母親像が好んでフィクションとして描かれ、消費されるという社会現象は、多様性を受け入れるようわれわれに求めてくる現代社会への、ある種の挑戦状のようにも映るであろう。

エピローグ

▽ 代理ミュンヒハウゼン症候群という用語の意義 △

本書では、代理ミュンヒハウゼン症候群、そしてそれに付随してミュンヒハウゼン症候群について、事例を多く用いながら解説を行ってきた。私の丁寧な（というよりしつこい）解説を読んでもなお、「代理ミュンヒハウゼン症候群は親の診断名ではない」という主張に納得できない方もおられるかもしれない。

そこで最後に、代理ミュンヒハウゼン症候群の概念を今後われわれがどのようにとらえるべきかということを論じて、本書を締めくくりたいと考える。

本文で何度も訴えてきたことであるが、ミュンヒハウゼン症候群／代理ミュンヒハウゼン症候群という言葉は、不可解な病状を示し、詳細な検査でも原因が特定できず、治療にも応答しない患者を目にして、医療者が「作為が介在しているのではないか」と疑うことができるようになるためのキーワードであると理解されるべきである。

とりわけMSBPは、子どもの虐待に医療者が加担するという衝撃的なものであり、医療者にとっては悪夢のような事態で、外傷体験にさえなる。

私は以前、『代理ミュンヒハウゼン症候群』（アスキー新書）を上梓した際、児童虐待対応には5つのステップ（「発見」・「通告」・「緊急度判定」・「介入―分離」・「介入―援助」）があり、MSBPという概念が最も重視されるのは第1段階である「発見」の場面であるとした。そこでMSBPは、「子どもの病気を捏造する親も存在する」ということを思い出させるためのキーワードとして、その存在感を発揮すべきなのだ。

医療者がMSBPを疑う際にネックになるのが「子どもが本当の病気だったらどうしよう」「親の冤罪だったら?」という迷いである。しかし、わが国では児童虐待の「疑い」が出た時点で、医療者には通告義務が課される。つまり「疑い」さえあれば、躊躇なくその子どもの問題に他機関を介入させなければならないとされているのだ。そして、本当に虐待が行われていたのか、親を逮捕すべきなのかという判断は児童相談所や警察の責務で行うべき事柄であるため、医療者はその見極めのために可能な限り協力しつつも、子どもの健康状態の回復に全力を注ぐという姿勢を貫けばよい。

▽医療的虐待(MCA)△

ところで、この長年にわたるMSBPにまつわる混乱と医療者の闘いに終止符を打とうという動きが、アメリカ小児科医会から出てきた。代理ミュンヒハウゼン症候群という名称を使うと奇妙さが際立ち、社会的な理解が妨げられることで有害な結果になる懸念があると、欧米の小児科医たちによって指摘されるようになってきたのだ。

そこで、ブラウン大学ウォレン・アルパート医学校小児科のキャロル・ジェニー教授を筆頭とする児童虐待の専門家グループが、「医療的虐待（Medical Child Abuse＝MCA)」という専門用語を用いるよう提唱するに至っている。

その専門家グループがまとめた児童虐待の専門書には、「残念ながらMSBPという用語は、子どもが何をさせられたのかや、不必要な虐待行為を止めるために何が必要なのかではなく、なぜ親は医療者をこのようなつらい状況に追い込んだのか、に焦点を当ててしまう用語である」と指摘されている。そして、これまでにこの用語の欠点を補うために提唱された新たな名称として「小児科学的状況偽装（PCF：pediatric condition falsification)」や「養育者による小児作出性疾患（induced illness in child by a caretaker)」などがあるが、それらの用語でも子どもに十分な焦点を当て切れていないとするのである。そこでMCAの概念を用いることによって、新たに「不必要で有害な、もしくは有害になり得る医療的ケアを受けさせられている子ども」という視座を医療者に与えるというのだ。そして、養育者の不適切な行動から子どもを守る必要が十分にある事例を「臨床スペクトラム」としてMCA事例に含めることで、対応が促進されることが期待されるのだ。

MSBPの代わりにMCAの用語を用いることで、子どもにとっては有害となっている過度な受診や、医療機関を渡り歩く「ドクターショッピング」を繰り返すことまでも、その射程に入れることができるようになる。このように考えていくと、MSBPを考える際に混乱の元となっていた「親の動機」や「親の精神状態」などは一切考慮せず、「子どもの最善の利益」という観点のみに集中することができるだろう。

そこでのMCAの対応としては、他の類型の虐待と同様に、①虐待を認識する、②虐待を止める、③虐待行為が繰り返されないことを担保する、④子どもの身体的・精神的被害を治療する、⑤子どもの安全を担保するため、でき得る限りのことを行う、という5つのステップからなるが、いずれのフェーズでも子どもの健康と安全が最優先されるというスタンスを崩してはならないとされる。この考え方は、先に述べた私の主張とも非常にマッチしている。

さらに加えて、一般的な虐待であれMCAであれ、虐待の発見や対応についての経験豊富な医療者にコンサルテーションすることが極めて有用であり、子ども虐待専門小児科医を中心とした病院内の虐待対応チーム（CPT：Child Protection Team）の関与を必須のものとすべきだとも提言されている。確かに、経験豊かで理性的なCPTメンバーが「不可解な病状を呈する子ども」の症例の評価に関与することで、主治医には見えなかったものが見えてくることも多々あるだろう。

そして、ここで最も重要な指摘は、「医療者がその存在を認識するだけで予防可能な虐待は、MCAだけである」ために、医療者が日常診療の場でMCAという虐待の可能性について、常にアンテナを張っておくべきだとすることだ。

▽代理ミュンヒハウゼン症候群の行方△

では、MSBPという用語はもういらなくなるのだろうか？

私は、そうは思わない。MSBPという言葉のインパクト、否応なしに人を惹きつけてしまうような名称の魔力は、これからも「密かな親の企み」という恐るべき事態を暴くきっかけとしての役割を果たし続けてくれることと信じている。つまり、MCAという概念とその取り扱い方には私も全面的に賛成するが、やはりこの用語はインパクトに欠けている。MCAという小難しい名称の虐待であったなら、メディアで、映画やドラマなどで、ここまで脚光を浴び、私たちの心に強烈なインパクトを残すことはなかったのではないだろうか。

そのため、MCAという言葉を医療従事者がきちんと理解し、日常診療でその発見に心がけておくことと並行して、「MSBPらしい」親のふるまいや巧妙な操作に注意を向けるための「キーワード」として用いられ続けることによって、蟻地獄のような救いがたい子どもの虐待を発見するための、より確かな「二重の防護壁」となるのではないかと考えるのだ。

本書のタイトルの横に添えられた「代理ミュンヒハウゼン症候群」のワードに魅せられ、思わず手に取って下さった読者の皆様からも、この考えが支援されることを確信している。

2021年5月

南部さおり

参考文献

（1）Avik Ray, Swati Sharma, Balakrishnan Sadasivam. Munchausen syndrome in COVID-19: An unnoticed concern. *Psychiatry Research.* 2020 Nov; 293:113457.

（2）船橋英樹ほか「虚偽性障害の妊婦の1症例」、宮崎医会誌、34：67－71、2010年。

（3）福島慎一郎ほか「診断に苦慮したミュンヒハウゼン症候群患者の尿道自傷の1例」、泌尿器科紀要、53（11）、829－831、2007年。

（4）境徹也、澄川耕二「ミュンヒハウゼン症候群の1症例」、日本ペインクリニック学会誌、17（1）、21－24、2010年。

（5）横浜地裁令和元年10月3日損害賠償請求事件（交通事故）判決。

（6）ミュンヒハウゼン症候群／代理ミュンヒハウゼン症候群の専門家、精神科医のマーク・D・フェルドマンによる『Sickened』（3章参照）の巻頭言より。

（7）芥直子「子どもを代理としたミュンヒハウゼン症候群」、小児内科、34巻9号、1380－1382、2002年。

（8）カンジダは人の常在菌であり、皮膚、消化管、喀痰、女性性器、留置カテーテル中の尿などに見られる菌であり、院内感染の原因ともなる。カンジダ敗血症はカンジダが血液中に入り込んで起きる重篤な疾患で、治療に必要なカテーテルを挿入中の患者に多く見られ、5～71％と高い死亡率が報告されている。

（9）脾腫は感染症、貧血、がんといった多くの病気を原因として発症する。脾腫による脾機能亢進症は重度の貧血を引き起こすことがあり、白血球が少なくなることで感染を起こしやすくなるという悪循環が起こる。

（10）ヘモジデリンはヘモグロビン含有の鉄に由来する黄褐色の顆粒で、マクロファージに貪食された赤血球やヘモグロビンがリソゾームで分解、処理される過程で作られる。ヘモジデローシスは、大量の輸血、出血、溶血性貧血、慢性うっ血などが原因となって鉄が過剰に蓄積されることでヘモジデリンが諸臓器に沈着した状態で、悪化すると組織障害を起こす。

（11）奥山眞紀子「子どもを代理とするミュンヒハウゼン症候群」、小児内科、39巻5号、701‐704頁、2007年。

（12）尿崩症は、ホルモン異常によって体内の水分バランス調節ができなくなり、濃度の薄い尿が大量に出てしまう病気である。尿崩症では容易に脱水になり、脱水になると血圧が低下し、重篤な場合には低血圧や発熱、頻脈、吐き気、食欲低下、意識障害などが現れることもある。部分尿崩症は、尿崩症よりも尿濃縮能の障害が若干軽度である。

（13）視床下部症候群：視床下部は内分泌、自律神経機能を調節する中枢であるのみならず、摂食や飲水などの調節にも重要な役割を有するため、視床下部の病変は多彩な臨床症状を呈することから、これらを総称した名称である。

(14) 山下裕史朗・家村明子「だまされてはいけない『代理Munchausen症候群』」、小児科、42巻3号、314－318、2001年。
(15) 躯幹運動失調：体幹運動失調とも呼ばれる。筋力低下はないのに、多くの筋肉が互いに力をあわせて働くことができなくなり（協調運動不能）、そのために姿勢や体の平衡を維持することができず、躯幹が動揺して安定しない状態となる。
(16) 急性小脳失調：2～4歳児に多く見られ、先行感染やワクチン接種後、一定期間をおいて突然、体幹失調や失調歩行、注視時眼振、企図振戦などの小脳症状として発症する。一般的に予後良好とされている。
(17) 周期性失調症：周期性あるいは発作性に小脳失調を示し、非発作時に失調を認めない、もしくはごくわずか認めるのみという疾患である。
(18) 水中毒：水分を著しく多飲すると水分が体内に貯留し、その結果体内の血液が希釈されて低ナトリウム血症となり、頭痛、嘔吐、失禁、意識混濁などの症状が起こる症状。
(19) 川島浩一郎ほか「思春期男児に発症したMunchausen syndrome by proxy」、小児科、28巻7号、855－860、1987年。
(20) 腸重積：2歳くらいまでの幼児に好発する、腸の一部が別の腸の部分の中にすべり込み、はまり込む病気。はまり込んだ腸の一部は腸を閉塞させ、血流を遮断するため、突然の腹痛と嘔吐の発作が起きる。症状が出ている状態で長い期間放置すると腸の内容物の移動が制限され閉塞したり、血液の流れが止まり腸の組織が壊死してしまう可能性もある。
(21) 4Hクラブ：アメリカ合衆国政府が直轄する最大の青少年教育機関で、よりよい農村、農業を作るために活動している組織。Head（頭）、Heart（心）、Hands（手）、Health（健康）の4つの頭文字で、四つ葉のクローバーをシンボルとする。

（22）身体症状症：自分の症状にとらわれており、そのような症状と健康にかんする懸念に時間とエネルギーを過剰に費やす患者のことを言う。実際に症状の原因になる身体的な病気が見られる場合であっても、その病気に対する反応が非常に過剰または不適切である場合には、この障害であると見なされる。

（23）病気不安症：自分は重篤な病気にかかっている、またはかかりつつあると思い込んで囚われている状態である。病気に対する深刻な不安のために強い苦痛を感じ、日常生活に支障が生じている場合に、この障害であると見なされる。

（24）アレン・フランセス『〈正常〉を救え 精神医学を混乱させるDSM－5への警告』（講談社、2013）。DSM－Vの監訳者である大野裕氏は、DSM－5に対するこうした批判を部分的に認めた上で、精神科医は症状だけでなく患者の心理・社会的な背景を読み取った上で総合的な支援を提供すべきであり、操作的診断基準として利用しつつも、患者との人間的関わりを重視すべきだとしている。大野裕『精神医療・診断の手引き―DSM－IIIはなぜ作られ、DSM－5はなぜ批判されたか』（金剛出版、2014）。

（25）Caffey J. Multiple fractures in the long bones of infants suffering from chronic subdural hematoma. . *AJR* 1946; 56: 163-173.

（26）C. Henry Kempe, M.D.; Frederic N. Silverman, M.D.; Brandt F. Steele, M.D.; et al. The Battered-Child Syndrome. *JAMA*. 1962;181(1): 17-24.

（27）Caffey J. The Whiplash Shaken Infant Syndrome: Manual Shaking by the Extremities With Whiplash-Induced Intracranial and Intraocular Bleedings, Linked With Residual Permanent Brain Damage and Mental Retardation. *Pediatrics*. October 1974, 54 (4) 396-403.

著者略歴

南部さおり（なんぶ さおり）
日本体育大学スポーツ文化学部 武道教育学科教授・医学博士

高知県生まれ。2000年、明治大学大学院法学研究科前期博士課程修了（法学修士）。05年、横浜市立大学大学院医学研究科博士課程修了。05年、横浜市立大学医学部法医学教室助手、06年同助教。16年に日本体育大学体育学部に移り、20年より現職。専門分野は法医学・刑事法学・スポーツ危機管理学。児童虐待やスポーツにおける体罰・ハラスメントに関する問題を、医学・法学等の分野横断的なアプローチで研究している。著書に『代理ミュンヒハウゼン症候群』（アスキー新書）、『児童虐待―親子という絆、親子という鎖』（教育出版）、『反体罰宣言』（春陽堂書店）など多数。

親《おや》の手《て》で病気《びょうき》にされる子《こ》どもたち
――医療乱用虐待《いりょうらんようぎゃくたい》と代理《だいり》ミュンヒハウゼン症候群《しょうこうぐん》

2021年7月5日 初版発行

著　者 ―――― 南部さおり
発行者 ―――― 小島直人
発行所 ―――― 株式会社 学芸みらい社
〒162-0833 東京都新宿区箪笥町31 箪笥町SKビル3F
電話番号 …… 03-5227-1266
HP ………… https://www.gakugeimirai.jp/
E-mail ……… info@gakugeimirai.jp
印刷所・製本所 ―― シナノ印刷株式会社
装幀・本文組版 ―― WHITELINE GRAPHICS CO.

ISBN 978-4-909783-80-6 C0036